W0376789

Paul Biegel

Hase – Frühjahr

Paul Biegel

Hase

Frühjahr

Aus dem Niederländischen übertragen
von Siegfried Mrotzek
und mit Illustrationen versehen
von Frantisek Chochola

Ausgezeichnet mit dem »Silbernen Griffel«
des niederländischen Jugendbuchpreises 1982

Arena

CIP-Kurztitelaufnahme der Deutschen Bibliothek

Biegel, Paul:
Hase / Paul Biegel. Aus d. Niederländ.
übertr. von Siegfried Mrotzek u. mit Ill. vers.
von Frantisek Chochola. – Würzburg : Arena
Einheitssacht.: Haas
Frühjahr. – 1. Aufl. – 1984.
Orig.-Ausg. u. d. T.: Biegel, Paul: Voorjaar
ISBN 3-401-04051-0

1. Auflage 1984
© by Arena-Verlag Georg Popp, Würzburg
Alle Rechte vorbehalten
Das Buch erschien 1982 in den Niederlanden unter
dem Originaltitel »Haas/Eerste Boek: Voorjaar«
© 1982 by U. M. Holland, Haarlem
Schutzumschlaggestaltung und Innenillustrationen:
Frantisek Chochola
Aus dem Niederländischen von Siegfried Mrotzek
Lektorat: Heinz Seeger
Gesamtherstellung: Tagblatt-Druckerei, Haßfurt
ISBN 3-401-04051-0

Inhalt

Meine Zeichnung stellte aber
keinen Hut dar.
Sie stellte eine
Riesenschlange dar,
die einen Elefanten verdaut.

Antoine de Saint-Exupéry
(aus „Der Kleine Prinz“)

1
Von den Ameisen, den Bienen, den Spatzen, den Fledermäusen, den Nachtfaltern, dem Goldfisch und der Kröte

Die Königin der Ameisen fiel aus schwindelerregender Höhe; sie landete im Gras des Gartens – und damit beginnt diese Geschichte.
»Ein schöner Platz«, meinte die Königin, und sie drehte den Kopf zu den hauchdünnen und durchsichtigen Flügeln auf ihrem Rücken. Sie war damit das allerletzte Stück geflogen, aber nun brauchte sie sie nicht mehr, und so sperrte Majestät den Kiefer auf, um sie abzubeißen. Denn das tun Ameisenköniginnen.
Aber in dem Moment summte eine Stimme: »Halt! Stopp! Nicht hier!«
»Was ist?« fragte die Königin und schaute hoch zur Biene, die über ihr auf einer Pusteblume saß.
»Ich sage: Hier nicht. An dieser Stelle darf kein Ameisenhaufen errichtet werden.«
»Ach nein? Und warum nicht?«
»Dies ist der Platz von Hase«, antwortete die Biene. »Der muß frei bleiben.«
»Hase?« fragte die Königin der Ameisen, »was ist das? Was habe ich damit zu tun?« Und sie biß, happ, happ, ihre Flügel einen nach dem anderen ab. Denn so ist das bei Ameisen: Eine neue Königin fliegt einmal, heiratet in der Luft sieben Männer, landet alleine, kriecht in die Erde und tut für den Rest ihres Lebens nichts mehr, legt nur noch Eier, aus denen Ameisenkinder herauskommen, die einen Haufen bauen und ein ganzes Volk werden.
»Daraus wird nichts«, rief die Biene zornig. »Jedenfalls nicht hier.« Sie stürmte auf die Königin zu, ergriff sie beim Kopf und warf sie ein Endchen weiter weg unter die Tannen. »Da kannst du von mir aus bauen«, rief sie.
Das tat die Königin; der Boden war trocken und gut, und es lagen genug Baunadeln herum.

Aber die Stelle im Gras blieb leer; es kam kein Hase, nicht tagsüber, und abends auch nicht.

⌘

Die beiden Spatzen saßen im Vogelkirschbaum. Die weißen Blüten waren noch nicht herausgekommen, die Knospen hingen in grünen Trauben zwischen den Blättern.

»Hier«, sagte Herr Spatz. »Hier müßten wir es bauen.«

»Ja, ist gut«, antwortete Frau Spatz.

»Denn von hier aus kann man ihn genau sehen, abends.«

»Oh?« fragte Frau Spatz. »O ja? Ist das wahr?«

»Während du sitzest und brütest, Liebste«, antwortete Herr Spatz. »Einen jeden Abend wird er kommen, um sich dort im Gras niederzulassen.«

Herr Spatz sprach vornehm und mit alten Redewendungen, wie man lesen kann, und er baute ein vornehmes Nest aus Wollfäden, die er von weit her aus einem zum Trocknen aufgehängten Pullover holte. Denn Moos ist für das gewöhnliche Volk, so meinte er, und Wolle sah so schön weltoffen aus.

»Ja, Lieber«, sagte Frau Spatz. Sie war immer einer Meinung mit ihrem Mann, sie half auch beim Nestbauen, machte aber einiges falsch, und als es fertig war, legte sie vier anständige Frühlingseier und setzte sich zum Brüten drauf.

»Gerade sitzen!« rief Herr Spatz. »Und halte den Kopf hoch, den Schnabel nach vorn, wie es sich für unsereins gehört.«

»Ja, Liebster«, antwortete sie. »Selbstverständlich.«

Später stellte sich heraus, daß es sogar *fünf* Eier waren, und Herr Spatz, der das Abendessen unter der Gundelrebe zusammensammelte, wo besonders viele Käfer herum-

krabbelten, erzählte das mit Stolz. »Fünf. Sie sitzt schon. Auf nicht weniger als fünf!«
Die anderen Spatzen, die dort umherhüpften, riefen gleichzeitig: »Ooooh!« Und sie stießen sich an. »Ooooh, das ist ja großartig!«
Herr Spatz hörte nicht, daß sie ihn zum Narren hielten. »Hier habe ich einen guten«, sagte er und flog zurück zum Nest, im Schnabel einen frischen Käfer, bestimmt für seine Frau.
»Bitte, Liebste, möchtest du eine Fliege zum Nachtisch?«
»Ach nein, danke«, antwortete Frau Spatz. »Ich warte nun weiter auf Hase.«
Die Sonne ging unter. Unter den Bäumen wurde es dunkel, aber das Gras blieb hell, als bekäme das Grün einen eigenen Schein. Der Wind hatte sich gelegt, niemand stöberte noch herum, es war kein Geraschel mehr zu hören, und die Dunkelheit senkte sich langsam über den Garten. Auch der helle Platz im Gras wurde dunkler.
Frau Spatz blinzelte. Sie hatte so lange auf die Stelle gestarrt, daß sich nun alles zu bewegen schien.
»Hase?« flüsterte sie.
Aber Herr Spatz schüttelte den Kopf. »Nein«, sagte er. »Noch nicht. Was du siehst, ist Einbildung.«
»Ich meinte, ein Hoppeln zu sehen, und lange Ohren.«
»Schatten«, antwortete ihr Mann flüsternd.
»Wo bleibt er denn?« fragte sie.
Herr Spatz gab keine Antwort, und nach einer halben Stunde war der ganze Garten stockdunkel.
»Ist er jetzt da?« fragte Frau Spatz wieder. »Ich sehe nichts mehr.«
»Ich glaube, ja«, antwortete Herr Spatz. »Ich glaube, daß er da ist.«
Sie lauschten.

»Ich höre nichts«, flüsterte Frau Spatz. Dann fragte sie: »Kommt der Mond heute nacht?«
Herr Spatz antwortete: »Ja, aber spät und nur halb.«
»Dann bleibe ich auf«, sagte Frau Spatz. »Denn ich will ihn sehen. Du hast gesagt, daß ich ihn sehen werde, Hase, und daß es sehr schön wäre, ihn zu sehen, wie er läuft, mit langen, geschmeidigen Sprüngen, aber doch vorsichtig, wie er mit gebogenem Rücken im Gras sitzt und mit den Ohren in der Luft löffelt, um alles zu hören, wie er dann wieder am Klee knabbert, aber den vierblättrigen Klee stehen läßt, denn der wäre zum Essen zu heilig, sagtest du. Ja, das hast du mir alles erzählt, und das will ich auch sehen.«
So viele Wörter hintereinander hatte Frau Spatz noch nie gesprochen, seit sie mit Herrn Spatz zusammen war. Und Herr Spatz schwieg.
Sie warteten. Schweigend warteten sie im totenstillen, dunklen Garten, Frau Spatz im Nest auf den fünf Eiern, Herr Spatz auf einem Zweig daneben. Bis der Mond aufging. Sehr spät in der Nacht und sehr viel weniger als zur Hälfte, die verkehrte Hälfte, eine umgekrempelte Hälfte, wie eine Banane, die nach hinten, statt nach vorne gebogen ist. Der Mond gab nur wenig Licht, aber als er erst einmal über den Bäumen stand, war es doch genug, die kleine Wiese im Garten überblicken zu können.
Die war leer. Kein Hase war zu sehen. Es waren auch keine Spuren seiner Pfoten im Gras zu erkennen, keine Stelle mit zu Boden gedrückten Halmen, wo er gelegen haben könnte, nichts war zu sehen, überhaupt nichts.

⌘

Im Garten stand ein kleiner Schuppen, alt, windschief und halb vermodert. Die Tür hing so schief in den

Angeln, daß sie einen breit klaffenden Spalt freigab, denn sie war sieben Jahre lang weder geöffnet noch geschlossen worden. Das Unkraut wuchs so weit wie möglich über die Schwelle in den Schuppen hinein, wie eine Fußmatte, die eine Tür bei Zugluft offenhalten muß, aber die frechste Brennessel blieb ein blaßgrüner Kümmerling, weil das verstaubte Fenster in der Wand zu wenig Licht durchließ.

In diesem Schuppen wohnten dreihundertachtundsechzig Spinnen, Vater und Sohn Fledermaus und zwei Nachtfalter. Tagsüber schliefen sie im dunkelsten Winkel des Schuppens, aber gegen Abend wachten sie auf und flogen nach draußen, ohne Angst vor der hellen und heißen Sonne haben zu müssen.

»Die bleibt stundenlang weg, mein Junge«, hatte der Fledermausvater zu seinem Sohn gesagt. »Und du kannst sie auch lange zuvor wiederkommen sehen, dann wird es dahinten so ekelhaft rosarot.« Der Vater deutete nach Osten. »Wenn es dort gefährlich auszusehen beginnt, dann kehren wir zurück.«

»Ja, Vater«, hatte der Fledermaussohn zitternd geantwortet. »Wo es schwarz ist, da ist es gut.«

Das sagte der Vater noch immer, und der Sohn sprach es ihm nach.

»Denk nur an deine Mutter.«

Mehr brauchte der Vater nicht zu sagen, denn die Fledermausmutter war unvorsichtig gewesen und von der Sonne verschluckt worden.

Auch die Nachtfalter hatten Angst vor der Sonne. Denn die lockte. Manchmal wurden sie früh wach, und wenn dann das letzte rote Licht durch die Bäume hindurch genau auf die verstaubten Fenster fiel, gerieten sie in Verzückung. Sie flogen hin, stießen gegen das Glas, flatterten immer wieder dagagen, rauf und runter, hin und her, töricht und blind.

»O, Sis!« rief die eine.

»O, Sus!« rief die andere.

Und wenn die Sonne schon lange untergegangen war, saßen sie immer noch mit zitternden Flügeln am Fensterglas und konnten den Ausgang bei der Tür nicht finden. Die ganze Nacht über blieben sie trunken vom Licht.

»Das ist ja so gefährlich«, lispelte Sis. »Die Sonne, davor muß man sich in acht nehmen.«

»Genau«, antwortete Sus. »So ist es Floppejoll auch ergangen. Das ganze Leben lang gegen das Glas.«

Sie schwiegen bedrückt. Nach einem Weilchen sagte Sis:

»Sag mal? Sus . . .?«

»Ja?«

»Wo ist Hase denn nun?«

»Hase?« sagte Sus, »Hase können wir nicht sehen.«

»Nein, nicht? Bestimmt, weil wir immer noch blind sind?«

»Ja«, sagte Sus, »darum.«

»Aber er ist doch da, oder?«

»Natürlich«, sagte Sus, »Hase ist immer da.«

»Wirklich?«

»Das weißt du ganz genau«, sagte Sus. Aber sie selbst wußte es gar nicht so genau. Sie wußte nicht einmal, ob Hase wirklich existierte.

⌘

Der Fledermaussohn flatterte mit seinem Vater über der kleinen Wiese im Garten, und sein Vater sagte: »Hierher kommt er immer.«

»Ja, Vater, hierher?« sagte der Sohn. »Und woher kommt er?«

»Von dahinten«, sagte der Vater mit einer Kopfbewegung, »von jenseits der Mauer.«
»O ja, Vater?« sagte der Sohn und flog im scharfen Bogen zur Mauer, um dort einmal nachzuschauen, aber der Vater sagte: »Nein, bleib hier und hör zu.« Und der Vater erzählte von Hase: »Hase ist groß und stark, aber er hat keine Flügel. Er springt auf der Erde herum und knabbert am Grünzeug, aber sei vorsichtig, denn er weiß alles. Die Ohren sind größer und höher als er selbst, und damit hört er alles, was auf der Welt passiert.«
»Alles, Vater? Auch was ich denke?«
»Ganz gewiß und ohne Zweifel, mein Junge«, antwortete der Fledermausvater. »Er hört dich sogar fliegen. Komm ihm also nicht zu dicht vor die Nase, daß er böse wird, sondern bleibe in ehrerbietigem Abstand.«
»Ja, Vater«, sagte der Sohn. Er wollte wieder einen scharfen Bogen fliegen, zur Umgrenzungsmauer des Gartens, aber wieder hielt der Vater ihn zurück.
»Nicht, mein Sohn, nicht dorthin«, sagte er. »Es gehört sich nicht, seine Wege zu verfolgen und nachzuschauen, woher er kommt. Bleibe hier und warte.«
»Gut, Vater«, sagte der Sohn. Und sie warteten, flatterten in Kreisen und Achten hoch über dem Gras.
Aber Hase kam nicht, die ganze Nacht nicht.

⌘

Im Garten, und zwar am Rand der kleinen Wiese, war auch ein kleiner Teich. Darin lebte ein einsamer Goldfisch, der Kneis hieß und Witwer war. Kneis hatte acht Frauen gehabt, alle acht gleichzeitig, wie das bei Goldfischen, die im Teich munter zwischen Stengeln und Wasserpest umherschwimmen, üblich ist. Bis eines frühen Morgens Fischreiher gekommen war. Ein schreckliches

Ungetüm, das auf breiten Segeln durch die Luft heranschwebte, geräuschlos herunterkam und blitzartig zuschnappte.
An jenem Morgen verschwand Suse. Fischreiher flog weg, aber er kam am nächsten Morgen zurück. Da verschwand Alida. Wieder flog Fischreiher weg, und wieder kam er zurück, einen Tag später. Nun wurde Mariechen aus dem Teich gefischt. Am nächsten Morgen Hanna. Dann Spätzchen. Dann Sally. Dann Feuerrote Nelly. Und Hannchen am achten Tag.
»Morgen bin ich selbst an der Reihe«, murmelte Kneis, während er einsam durch den leeren Teich schwamm. Fischreiher kam, aber Kneis versteckte sich bei der Wurzel der Wasserrose im Schlamm und rührte sich nicht. Nach einer Stunde flog Fischreiher wieder weg, ohne zugeschnappt zu haben. Kneis blieb am Leben, aber er war sehr einsam, und Fischreiher kam jeden Morgen wieder, kurz vor Sonnenaufgang, um dem letzten Fisch aufzulauern. Denn er hatte neun gezählt, und ein Fischreiher irrt sich nie, also gab er nicht auf.
Aber Kneis gab auch nicht auf. »Er ist der einzige Besuch, den ich bekomme«, sagte er, am Stengel einer Wasserrose lutschend.
»Jeden Tag eine Stunde. Wir schweigen beide, und ich halte mich versteckt. Also kommt er immer wieder.«
Aber Kneis vermißte seine acht Frauen doch sehr. Sie waren so schön gelb gewesen, bis auf Feuerrote Nelly, und die hatte er doch am meisten geliebt.
Und manchmal dachte er auch an jemanden, der einst an das Ufer des Teiches gekommen war, groß und überwältigend, aus einer anderen Welt: Hase.
Etwas später im Frühjahr bekam Kneis noch mehr Besuch. In stockdunkler Nacht kam jemand ans Ufer und

ließ sich leise ins Wasser gleiten, plump wie ein schwerer Sack. Das war Madame Hermine, die dicke Kröte, die unter der steinernen Gartenmauer wohnte. Dort hatte sie eine Höhle wie einen Palast, und die war angefüllt mit Juwelen, erzählte sie jedermann. Ringe, Perlen und Diamanten; und damit spielte Madame den ganzen Tag, in ihrer Höhle. Nur nachts kam sie heraus, wenn alles gezählt und versteckt war. Dann schleppte sie sich mit ihrem dicken Bauch über das Ringelblumenbeet, überquerte den Pfad und kroch durch das Gras zu ihrem Bad. Denn so nannte sie den Teich. Und während sie sich ins kühle Wasser gleiten ließ, murmelte sie: »Also drei Ringe, siebzehn Diamanten und achtundsechzig Perlen. Meine Schwester hat mehr.«
Madame hielt sich am Ufer fest, der Kopf ragte gerade noch aus dem Wasser, mit den kurzen dicken Beinen machte sie strampelnde Bewegungen, so daß ihr wohltuende Wasserwirbel über den Bauch strichen.
Kneis hielt nicht viel davon.
»Ist das wirklich nötig, jede Nacht?« rief er aus der Tiefe. Aber unter Wasser werden alle Selbstlaute zum U, und so verstand Madame ihn gar nicht.
»Judu Nucht?« rief sie. »Was sagst du? Komm nur herauf, wie sich das gehört, wenn du mit mir sprichst.«
Kneis steckte den Kopf aus dem Wasser, aber nicht zu dicht bei Madame.
»Ich sagte: Ist das wirklich nötig, jede Nacht?«
»Ja, daß muß so sein«, antwortete Madame Hermine. »Ich wohne an Land, und dann braucht man jeden Tag ein Bad.«
»O ja?« sagte Kneis. »Das verstehe ich nicht. Ich gehe doch auch nicht jeden Tag für eine Stunde ans Trokkene?«

»Das liegt daran«, antwortete Madame, »daß du nur ein Fisch bist. Du weißt nichts vom Land, nichts von Reichtümern und Palästen. Was du an Land kennst, das ist doch nur Schlamm.«
»O ja«, sagte Kneis. »Und der ist gar nicht so ohne. Neulich sah ich etwas glitzern. Einen goldenen Ring, so sah es aus.«
Madame Hermine drehte den Kopf und starrte den Fisch mit gelben Augen an. »Was sagst du? Ein Ring?«
Kneis sagte: »Ja.«
»Der muß von mir sein!« rief die Kröte. »Ich habe einen verloren. Ich hatte vier, einen an jedem Fußgelenk.«
»O ja?« sagte Kneis.
»Ja«, rief Madame schrill. »Ich dachte, meine Schwester hätte ihn. Aber sie habe ihn nicht, sagt sie. Und ich dachte ... Wo liegt er?«
»Tja«, antwortete Kneis, »das weiß ich nicht mehr so genau. Was sollte ich auch mit einem Ring? Vielleicht hat Mariechen ihn verschluckt, oder Sally, oder Feuerrote Ne ...« Aber bei dem Namen kam er plötzlich ins Stocken, denn Feuerrote Nelly hatte er doch so sehr geliebt, und ...
»Ruf sie!« befahl Madame.
»Was is?«
»Sie soll ihn sofort ausspucken. Es ist *mein* Ring!«
»Ja, aber ...« schluchzte Kneis. »D ... das geht nicht ... mehr.«
»Geht nicht mehr? Wie redest du mit mir?«
»Sie ist ... sie sind selbst verschluckt worden«, sagte Kneis jammernd. »Alle acht. Von Fischreiher.«
Madame Hermine schwieg. Dann sagte sie: »Ich dachte schon, wie leer der Teich doch ist.«
Kneis nahm den Kopf wieder unter Wasser, sein Mund

wurde ihm zu trocken. Aber plötzlich schoß er wieder an die Oberfläche. »Laß Fischreiher sie doch ausspucken!« platzte es aus ihm heraus. »Laß Fischreiher sie alle acht wieder ausspucken, in meinen Teich!«
»Na, na, beherrsch dich ein wenig«, sagte Madame.
Aber Kneis war nicht zu beruhigen und fing an, heiser nach Hase zu rufen. Einfach so. Als könnte der alles wieder gutmachen. »Haaase!«
Madame Hermine drückte ihn unter Wasser, so daß daraus Hu . . . u . . . usu wurde, mit vielen aufsteigenden Luftbläschen. Sie hielt nichts von Schreien und anderen Ausbrüchen. Sie kletterte aus dem Bad und ließ sich im Gras abtropfen, damit ihr nasser Bauch weiter hinten im Sand nicht schmutzig werden konnte. Das Gequatsche über Hase machte sie ganz krank. Hase existierte überhaupt nicht. Aber der Ring, der goldene Ring im Schlamm, den gab es wirklich und der war auch überhaupt nicht von einer der dummen Frauen verschluckt worden. Das ging gar nicht, dafür war er zu groß. Der lag noch da unten auf dem Boden im Schlamm. Sie würde wohl selbst danach tauchen müssen – wenn es etwas heller war. Bei Vollmond. Oder vielleicht am frühen Morgen.
Madame Hermine wußte nicht, daß Fischreiher immer noch regelmäßig kam.

2
Von der Ordnung

In diesem Frühjahr wuchs im Garten alles noch wilder als früher. Niemand kümmerte sich darum, nie kam jemand durch das kleine Tor in der Mauer. Das Gras erstickte die Rosen, Pusteblumen standen ganz frech mitten auf dem Weg, die Gundelrebe streckte sich immer weiter aus, die eingesäten Blumen wurden von harten Unkräutern überwältigt, und nur in stillen Winkeln erschien ab und zu noch eine einsame Ringelblume oder Eschscholtzia oder Kapuzinerkresse von früher.
Von den drei zurückgebliebenen Körben neben den Tannen war nur noch einer von Bienen bewohnt, und für das Volk wurde es auch immer schwerer. Der Bericht, den die Kundschafter jeden Morgen bei ihrer Rückkehr zu machen hatten, wurde immer unverständlicher. Die Kurven und Schleifen ihres Tanzes, die Haken und Kapriolen, ihr Schwanken und Flattern machte alle schwindelig. »Eine Rose?« fragten sie sich, »nirgends Flammenblumen, aber sehr wohl Butterblumen zwischen dem . . . ja, wo? Wo? Klee? Überall etwas? Ampfer neben der Rose!« Daraus konnte niemand schlau werden.
»Die Brennessel breitet sich aus.«
Ja, das war schon bekannt. Das zuschauende Volk begann summend zu murren, halb als Antwort, halb aus Protest. So konnte man nicht mehr arbeiten, es wurde immer schlimmer, die Brennessel verbrannte langsam den ganzen Garten, bald stand sie von Mauer zu Mauer, und dann . . .?
»Dann fliegen wir doch drüberweg?« rief ein hohes Stimmchen.
Aber darauf gab es ein böses Summen als Antwort. Wer hatte das gesagt, ein naseweises Nesthäkchen, gerade aus der Zelle, die sollte ihren Mund halten, über die Mauer würde keine Biene fliegen. Doch dann hielten alle den

Mund, denn von tief unten erklang eine Stimme, in der Befehlsgewalt mitschwang. Das war die alte Königin des Volkes, und die rief: »Ist er nun zurückgekehrt?«
Es blieb still. Dann antwortete die Erste der Kundschafterinnen: »Leider noch nicht, Majestät.«
»Auch keine Spur wahrgenommen?« fragte die Königin.
Und die Kundschafterin antwortete erneut: »Leider nicht, Majestät.«
Da piepte schon wieder das hohe Stimmchen: »Von wem denn?«
»Ssst! Still!« wurde gerufen. »Dummkopf!« Und mit kräftigen Knüffen der Ammen wurde das Stimmchen zum Verstummen gebracht.
»Ich wünsche, daß gut aufgepaßt und Ausschau gehalten wird«, sprach Majestät von unten her. »Und daß man mich auf dem laufenden hält.«
»Ja, Majestät.«
»Sobald er wahrgenommen worden ist, oder eine Spur oder ein Zeichen von ihm, wird mir das sofort gemeldet. Auch spät abends. Ist das verstanden worden?«
»Ja, Majestät.«
»Und jetzt an die Arbeit, alle, und ohne Murren!«
Sie gingen ohne zu murren, und wer den Korb verließ, schaute sich um, ob er eine Spur sah, oder ein Zeichen.
»Aber wovon denn?« fragte schon wieder das hohe Stimmchen, während es von einer Amme gefüttert wurde. »Eine Spur oder ein Zeichen wovon?«
Die Antwort lautete: »Von Hase.«
Und die Amme erzählte von Hase.

⌘

Früher, als der Garten noch schön war und gepflegt wurde, so daß alle Blumen einer Sorte beieinanderstanden, da lebten wir hier mit drei Völkern. Jedes Volk hatte seinen eigenen Korb, in dem es lebte, und jeden Tag kam der Gärtner durch die Mauer hier herein. Es waren glückliche Jahre mit viel gutem Arbeitsvolk und fernen Flügen. Aber eines Tages blieb der Gärtner fort. Auch an den nächsten Tagen erschien er nicht – und nie mehr ist er zurückgekommen. Der Garten verwilderte, die Blüten wurden spärlicher und verirrten sich, Ringelblumen zwischen Brennesseln, die sie erstickten. Das Sammeln von Nektar und Pollen wurde schwieriger und schwieriger, und das Volk wurde unzufrieden. Die Völker aus den Körben neben uns begannen herumzuschwärmen. Nach tagelagem Summen verschwand die eine Hälfte wie eine Wolke durch die Luft, aber später zog auch die andere Hälfte aus, mit ihrer neuen Königin. Sie verschwanden über die Mauer. »Dem Gärtner hinterher!« wurde gesagt. Aber wir blieben hier, denn unsere Königin, die weiser ist als alle anderen – unsere Königin sagte, daß man dem Gärtner nicht folgen kann.

»Verschwunden ist verschwunden«, sprach Majestät, »wie ich einst verschwinden werde, auf immer.«

Wir schwiegen.

»Und dann wünsche ich nicht, daß man mir folgt.«

»Nein, Majestät.«

»Denn über die Mauer hat man nicht zu fliegen. Man darf nur darauf warten, was über die Mauer *kommt:* Der Regen, die Sonne, die Samen und der Gärtner.«

»Ja, Majestät.«

»Diese Dinge sind heilig, und in das, was heilig ist, dringt keine Biene ein. Wer das dennoch tut, ist verloren und kehrt nimmer zurück.«

Wir wußten, daß Majestät recht hatte: Keines der unzufriedenen Völker aus den anderen Körben ist jemals wiedergekommen. Also blieben wir unserer Königin treu; und dann kam Hase. Eines Abends kam er, vorsichtig witternd wie ein Kundschafter, hoppelte in Haken über das Gras und schnupperte an Blumen und Grünzeug.

»Er nascht den Honig aus unserem Klee!« rief die alte Cleo, die Wache hatte und von weitem zuschaute, aber später kamen Jetze und Pia, die immer noch spät im Schummerlicht herumfliegen, und erzählten, daß es Hase wäre und daß er überhaupt keinen Honig nähme.

»Er schnuppert und knabbert am Klee«, sagte Cleo.

»Ja, aber er nimmt sich nur die Blätter«, erzählte Jetze.

»Er hält Ordnung«, rief Pia. »Er zupft an allen Pflanzen.«

»Aha!« rief die alte Cleo jetzt. »Ordnung? Setzt er Eschscholtzia wieder zu Eschscholtzia und Studentenblume zu Studentenblume? Macht er die Beete sauber und ordnet er die Rosen?«

Pia wußte es nicht, aber sie glaubte, er würde es vielleicht tun.

»Neue Pflege!« riefen da alle, daß es im Korb nur so summte. »Hase bringt wieder Ordnung in den Garten.«

Das hörte unten die alte Königin, und sie wollte genau wissen, warum ihr Volk so laut summte.

»Hase, Majestät. Hase ist in den Garten gekommen, um alles wieder so herzurichten, wie es einmal war. Mit Sorgfalt. Rose zu Rose, und alle wilden werden rausgerissen. Wie sich das im Garten gehört. Er zupft schon am Wegerich.«

»Gut so«, sprach die Königin. »Da seht ihr's. Er kommt von jenseits der Mauer?«

»Wir wissen es nicht, Majestät. Wir wissen es nicht genau.«

Hase verschwand im Dunkel des späten Abends. Keiner von uns folgte ihm, aber am nächsten Tag suchten wir den ganzen Garten ab, ohne ihn zu finden, nicht einmal im Schuppen war er, in den Ohama sich wagte und in dem sie die Fledermaus schlafend hängen sah. Hase war nirgends, aber im Halbdunkel des Abends erschien er wieder. Da begriffen wir, daß er durch die Mauer kam, und das meldeten wir unserer Königin.

»Aha«, sprach sie, »dann ist er also der neue Pfleger des Gartens. Unser Warten ist belohnt worden. Haltet Hase in Ehren.«

Das taten wir, und Hase kam jeden Abend im Schummerlicht und blieb lange auf der kleinen Wiese, hoppelte immer auf der gleichen Stelle herum und knabberte an Löwenzahn und Klee. Trotzdem wuchsen die Blumen weiterhin wild durcheinander und die Brennesseln rückten weiter vor; die Beete wurden nicht in Ordnung gebracht, und die Frühlingsschmetterlinge wußten zu erzählen, daß Hase überhaupt nichts pflegte. Aber die Königin verbot solche respektlosen Worte. »Das geht auch nicht so schnell«, sagte sie. »Was Hase tut, tut Hase gut, zu der Zeit, die ihn gutdünkt. Das haben wir zu akzeptieren.«

Wir akzeptierten es. Wir blieben als Volk zusammen, im Korb, ohne herumzuschwärmen, und wir warteten auf das Werk, das Hase vollbringen würde, denn der hatte die Verantwortung. Aber jetzt ist Hase verschwunden. Er erscheint nicht mehr im Schummerlicht des Abends, wie sehr wir auch die Augen nach ihm verrenkten. Deshalb hat die Königin befohlen, wir sollen seine Spur suchen, oder ein Zeichen von ihm.

⌘

Die Königin der Ameisen schaute sich ihre erstgeborenen Kinder an. »Ihr seht gut und glänzend aus«, sprach sie, »lauft zur Wiese und schaut nach, ob Hase dort ist.«
»Was ist das?« fragten die Kinder. »Hase?«
»Geht gucken«, rief die Königin, »dann wißt ihr es!«
Die Ameisenkinder machten sich auf den Weg, sie marschierten über Tannennadeln und kleine Zweige, Steinchen und Erdklumpen, vorbei an Abgründen und über Berge, bis an die kleine Wiese.
Dort wurde es noch schwieriger für sie, ein grüner Urwald lag vor ihnen, aber sie ließen sich nicht aufhalten, drangen weiter und weiter vor, unermüdlich wie Ameisen eben sind.
Ab und zu kletterte eine auf einen Grashalm hinauf, um Ausschau zu halten.
»Siehst du etwas?«
»Ein grünes Meer. Wogend im Wind.«
»Etwas, das Hase sein könnte?«
»Nein. Nichts.«
Sie zogen weiter. Sie kamen zu einem Maulwurfshaufen, fanden einen heruntergefallenen Tannenzapfen, einen toten Star und eine verirrte Blattlaus, die sie gefangen nahmen.
»Mitnehmen zur Königin«, sagten sie und machten sich auf den Rückweg.
Erst sehr spät kamen sie nach Hause.
»Majestät, wir haben nichts gesehen, was Hase sein könnte, und hier ist eine Laus.«
»Gut«, sprach die Königin. »Genau das dachte ich mir schon. Und wo kommst du her, Laus?«
»Aus dem Baum gefallen, Majestät«, antwortete das grüne Tier zitternd.
»Warst du allein in dem Baum?«

»O nein, Majestät. Wir sind da zu Tausen ... ich meine ...«
»Gut«, sagte die Königin. »Tausende. Das ist genau das, was wir brauchen.« Mit ihren Fühlern betastete sie die Laus. »Hervorragende Qualität. Sehr gut, Kinder. Hört zu: Ich will meinen Berg, unseren Berg, nicht hier, sondern unter dem Baum haben, aus dem diese Laus kommt.«
»Aber Mut ...«
»Ich dulde keinen Widerspruch! Nehmt sie mit, laßt euch die Stelle zeigen und beginnt mit dem Bau. Vorwärts!«
Die Ameisenkinder gehorchten. Am nächsten Tag wurde die Blattlaus mitgeführt, und wieder wurde es ein langer beschwerlicher Weg. Denn der Baum, von dem die Laus gefallen war, das war der Vogelkirschbaum, und der stand mitten auf der kleinen Wiese.
»Hase«, murmelte die Königin vor sich hin. »Pure Erfindung, um uns von den Läusen fernzuhalten. Hah! Meine erste Landung war genau an der richtigen Stelle, das wußte ich doch. Wir lassen uns nicht vertreiben.«
Mit energischer Bewegung verschob sie eine trockene Tannennadel.

⌘

Oben im Vogelkirschbaum saß Frau Spatz und brütete. Zwölf Tage saß sie nun schon in ihrem Nest und starrte zwischen den Zweigen hindurch auf die ewig kleine Wiese. »Das dauert aber auch jedes Jahr länger«, seufzte sie. »Ich glaube, die kommen nie raus.«
Herr Spatz gab keine Antwort. Er saß etwas abseits auf einem Zweig und juckte sich mit dem Schnabel den linken Flügel.
»Ich kann nicht begreifen, warum du dich nicht ab und

zu auf die Eier setzt«, sagte Frau Spatz scharf und blickte ihn vorwurfsvoll an.
Herr Spatz erwiderte den Blick. »Du weißt, daß das keine Arbeit für einen Mann ist«, antwortete er und drehte den Kopf, um sich nun den rechten Flügel zu jucken.
»Schöne Redensarten«, rief sie. »Nichts als schöne Redensarten, aber die kannst du ja gut halten, schöne . . .«
Herr Spatz flog weg. Er war zu vornehm, sich lauthals zu zanken, und er war auch ein wenig betrübt. Denn Frau Spatz benahm sich widerlich. Mürrisch war sie und kratzbürstig, sauer und unzufrieden und hart und scharf und streitsüchtig. Obwohl sie doch anfangs so lieb gewesen war. Er könnte sie einfach sitzenlassen, zwanzig Gärten weit wegfliegen und nie mehr zurückkommen. Frauen genug. Aber das wäre nicht anständig, auch nicht den Kindern gegenüber, die noch aus den Eiern kriechen mußten. Und sogar fünf! Herr Spatz flog zurück und setzte sich wieder auf den Zweig neben seine Frau.
»Möchtest du eine Raupe?« fragte er.
»Nein«, rief sie, »du betrügst mich.«
»Ich betrüge dich überhaupt nicht«, antwortete er. »Ich könnte leicht eine für dich fangen.«
»Ich brauche keine Raupe«, rief sie schnippisch, »geh du nur und vergnüge dich wieder mit den anderen. Und laß mich hier sitzen. Ich kann auch alleine brüten.«
»Aber Liebling . . .«
»Nenn mich nicht Liebling!« Frau Spatz schrie so laut, daß die Nachbarschaft aufmerksam wurde.
Ihre Ehe war kaputt, noch bevor die Jungen aus den Eiern waren.
Den Rest des Tages schwiegen sie. Zwei erboste Spatzen im Vogelkirschbaum, dessen weiße Blüten nun sehr bald

aus den Knospen springen würden. Gegen Abend sprangen auch einige, und die offenen Blütenblümchen verbreiteten ihren bittersüßen Duft von Wehmut, während in der hohen Tanne eine Amsel ihr Abendlied begann, und das war auch voller Wehmut.
Je dunkler es wurde, desto mehr Licht gab der zunehmende Mond. Er stand jeden Abend früh am Himmel, vorige Woche noch wie eine Banane, in die richtige Richtung gebogen, aber nun war er mehr als halbvoll. Er schien genau auf die kleine Wiese, so daß die Bäume sogar ein wenig Schatten warfen.
Frau Spatz spähte wieder zwischen den Zweigen hindurch, denn vielleicht würde sie heute abend endlich . . . Sie sah auch etwas. Deutlich sah sie eine dunkle Gestalt. Auf der Erde. Im Gras. Sich bewegend. Dort beim Baum, links vom Baum. Ja. Ja!
»Liebling«, flüsterte sie drängend. »Liebling, sieh doch nur!«
Aber Herr Spatz war auf seinem Zweig eingeschlafen. Frau Spatz reckte den Hals. Die Gestalt schien größer zu werden, so als ob sie aus der Erde wüchse, mit gewaltigem krummen Rücken. Sie meinte auch, ein leises Rascheln hören zu können.
»Liebling«, flüsterte sie etwas lauter, »Liebling wach auf. Hase ist da!«
»W . . . was?«
»Hase!« rief Frau Spatz nun ganz laut. Sie war so aufgeregt, sie zitterte und bebte, die Federn standen ihr stachelig vom Körper ab, und sie starrte so angestrengt zum Schatten auf dem Gras, daß er wie ein Hoppelhase hin und her zu huschen schien.
»Liebling, ich muß ihn sehen. Jetzt. Aus der Nähe!« rief Frau Spatz, und dann tat sie, was sie in zwölf Tagen nicht

gemacht hatte: Sie sprang aus dem Nest. »Du!« schrie sie, »du mußt auf die Eier. Schnell!«
Schon flog sie davon.
»Himmlische Güte«, stieß Herr Spatz verdutzt, aber mit Anstand, aus. Dann setzte er sich auf die Eier. Zum Glück war es dunkel, so sah niemand, was für eine Frauenarbeit er verrichtete.
»Wollen doch mal sehen«, murmelte er und spähte hinunter, »ob das wirklich Hase ist, da unten?«
Und Frau Spatz, gerade flügelschlagend im Gras gelandet, fragte atemlos: »Sind Sie Hase?«
»Aber nein. Ich bin Maulwurf«, kam die Antwort.
»Maulwurf?? Mein Mann sagte, Sie seien Hase.«
»Oh.«
Ein Erdklumpen rollte Hase oder Maulwurf vom Rükken. Der ganze Hase oder Maulwurf war aus Erde, ein dunkles Häufchen im Gras, das wuchs, während es sprach, und dann kam ein Kopf zum Vorschein. »Wer sind Sie?«
»Iiich? Ich bin Frau Spatz.«
»Oh.«
»Sie . . . Sie sehen ganz anders aus . . .«
»Wieso?«
»Nun . . . ja . . . keine Ohren, keine Pfoten, äh . . . anders.«
»Oh.«
»Sie . . . äh . . .« Frau Spatz war eigentlich ziemlich ratlos. »Sie . . . sie sind nicht Hase?«
»Ich bin Maulwurf. Und ich habe sehr wohl Ohren und Pfoten.«
»Nehmen Sie's mir nicht übel«, piepte Frau Spatz nervös. »Ich habe mich geirrt. Mein Mann sagte . . . ich meine . . . vielen Dank . . .« Sie flog davon. Auf irgendei-

nen Zweig im Garten. Sie mußte erst einmal nachdenken. Maulwurf?
Erst nach dreiviertel Stunden kam Frau Spatz ins Nest zurück. Ihr Mann hüpfte sofort heraus, um ihr wieder Platz auf den fünf Eiern zu machen.
»Und?« fragte er.
Frau Spatz setzte sich seufzend. »Ach, Liebling«, sagte sie, denn der Streit war nun vergessen, »ach, Liebling, er ist so anders als ich gedacht hatte. So ganz anders . . .«
Mehr sagte sie nicht.
Und Herr Spatz dachte: Sie ist selbst anders. Ganz anders. Das macht das Brüten.

⌘

Der Fledermaussohn war auch ganz anders.
»Du bist so unruhig, Junge«, sagte der Fledermausvater. »Da funkelt noch kein einziger Stern, und du willst schon raus.«
»Ach, Vater«, antwortete der Sohn. Aber mehr sagte er nicht.
»Das ist immer wieder eine Enttäuschung«, begann der Vater zu erzählen. »Wenn man raus kommt, ist es dort heller als man drinnen dachte, denn die Mauern und das Dach halten morgens einen Teil der Nacht gefangen. Um uns das Leben zu ermöglichen, Junge. Aber abends scheint es schon richtige Nacht zu sein, hier drinnen, obwohl draußen noch das Licht brennt. Denk daran, daß du warten können mußt. Ein Stern reicht schon, aber nicht der Karfunkel, der manchmal im Westen steht, denn der zählt nicht.«
Und während der Sohn ungeduldig am Hahnenbalken zappelte, nannte der Vater ihm wieder einmal alle Sterne, die er kennen mußte.

»Sprich mir nach«, so begann der Unterricht, »Kapella sinkt und Wega steigt.«
Und mit Unwillen in der Stimme sprach der Sohn nach: »Kapella sinkt und Wega steigt.«
»Der Bär steht hoch«, fuhr der Vater mit gewichtiger Stimme fort. »Hoch fliegt der Schwan mit gestrecktem Hals im Hochsommer. Wega, Deneb und Atair sind das heilige Dreieck. Aber wenn das sinkt, schwindet die Nacht, allerdings nicht im Herbst, denn der Drehwinkel verschiebt sich, so daß das Rad jede Nacht eine Speiche weiter beginnt als in der vorigen.«
»Ja, Vater«, sagte der Sohn.
»Und die Achse des Rades?«
»Der Polarstern, Vater.«
»Und den findet man, indem man . . .«
». . . den Schwanz des Bären verlängert, Vater.«
»*Nein!*«
Die Stimme des Vaters donnerte durch den Schuppen, daß die Schwestern Nachtfalter aus dem Schlaf schraken.
»Indem man den Schwanz des Bären verlängert findet man . . .?«
»Arkturus, Vater.«
»Richtig. Und den Polarstern, indem man . . .?«
». . . die Linie verlängert, fünfmal den Abstand der beiden vorderen hellen Sterne, schräg nach oben.«
»Richtig. Und was lehrt uns der Rote Riese?«
»Der Rote Riese lehrt uns, wenn er spät in der Nacht erscheint, daß der Herbst naht. Sehr nahe ist.«
»Richtig. Und der Rote Riese heißt . . .?«
». . . Beteigeuze, Vater. Darf ich jetzt gehen?«
»Hm. Und wer steht jetzt am Himmel?«
»Ich habe Wega gesehen, Vater, gerade noch. Aber wenn

da Wolken sind, fliegen wir doch auch raus, ohne Sterne.«
»Ja, Wolken«, sagte der Vater. »Mit Wolken ist es einfach. Die halten die Nacht besser fest und gefangen. Geh nur, Sohn, ich komme mit.«
Sie flatterten hinaus, der Vater und der Sohn, durch die Tür, die sieben Jahre lang nicht aufgemacht und nicht zugemacht worden war.

⌘

»Warum hat der denn so geschrien?« fragte Sus.
»Wahrscheinlich ein Streit«, sagte Sis. »Wir müssen raus, es ist schon dunkel.«
Die beiden Nachtfalter streckten die Fühler aus, schwenkten sie in alle Richtungen, flatterten mit den Flügeln. »Alles sicher«, lispelten sie sich zu, und flügelschlagend verließen auch sie den Schuppen durch die halboffene Tür.
Die Nacht hatte noch ein wenig vom Blau des Abends und war voller lockender Frühlingsdüfte.
»O Sus, das ist die Vogelkirsche«, rief Sis. »Da fliegen wir rein.«
»Ja, gut«, antwortete Sus.
Gemeinsam flogen die Nachtfalterschwestern zum Baum mitten auf der kleinen Wiese. Sis war schon halbtrunken vom Frühling mit seinen Versprechungen.
»Hase«, rief sie. »Wir werden Hase sehen.«
»O ja, Hase«, sagte Sus.
Mit zitternden Flügeln landeten sie, jede auf einer anderen Blütentraube des Vogelkirschbaumes, und der starke Duft ließ ihren Gedanken sofort freien Lauf.
»Haße kommt von weiter her alß wir jemalß fliegen können. Dort ßteht sein Taghauß, der ßtockdunkle Pa-

laßt, in dem die ewige Nacht wohnt und in den die höllisse Ssonne nie eindringen kann, nicht mit einem einßigen Sstrahl.«

Das sagte Sis.

»Wir werden Hase zu sehen bekommen, wenn die Zeit reif dafür ist«, meinte Sus, die etwas weniger trunken war.

»Vielleicht nimmt er unss mit in seinen Haßenpalaßt. Vielleicht sschon heute nacht.«

»Ach, ja, vielleicht«, seufzte Sus.

»Ganß beßtimmt, ganß beßtimmt«, lispelte Sis.

Und, ja sicher, da kam auch jemand angeflogen; mit ausgebreiteten Flügeln schwebte er aus der lauen Nacht herunter, landete plumpsend auf einem Blatt zwischen den Schwestern.

»Ich sage guten Abend«, sagte er laut, klappte die Flügel ein und fragte: »Wer?«

»Ooh«, stießen Sis und Sus aus.

Dann fragte Sus: »Wer sind Sie?« Und Sis fragte: »Kommen Sie von Hase?«

»Hase? Vonwegen Hase. Zorobab ist mein Name. Ich fragte: Wer?«

»W ... was ... wer?« flüsterte Sis.

»Oder vielleicht beide?« rief Zorobab laut. »Das ginge auch. Beide.«

»Wir warten auf Hase«, sagte Sis.

»Warten darf man nie«, meinte Zorobab. »Damit versäumt man sein Leben. Ein Nachtfalter nimmt, was ihm vor die Nase kommt. Sofort.«

»Sagen Sie mal«, sagte Sis, »Sie sind ja vielleicht ein Nachtfalter! So etwas zu sagen!«

»Etwa nicht?« rief Zorobab.

Die Schwestern gaben keine Antwort.

»Will der Hase euch womöglich auch beide heiraten?« fragte er nun.

»Ooooh . . .« stießen Sis und Sus wieder gleichzeitig aus, aber jetzt wie einen Schrei. »Heiraten? Sie wagen es, etwas so Fürchterliches zu sagen?«

Zorobab zog seine Fühler zurecht. »Was ist denn jetzt los?« sagte er. »Darum geht es doch, oder? Daß man heiratet. Und zwar schnell, würde ich meinen. Unser Leben ist ja so kurz.«

»Aber Haße zu heiraten«, begann Sis, »das ist ein verabßcheuungßwürdiger Gedanke. Haße ist einfach unermeßßlich . . .«

Zorobab verstand überhaupt nichts. »Was ist das denn, Hase . . . von dem ihr dauernd redet?«

»Oh«, sagte Sus, »der ist . . . ja, wie soll ich das erklären . . .?«

Aber Sis konnte es sagen. »Er ist derjenige, der dafür sorgt, daß die Sonne untergeht«, rief sie. »Jeden Abend weht er mit seinen Flügeln die Sonne weg. So, daß wir leben können.«

»So?« fragte Zorobab. »Und wo ist er denn? Mit seinem Wehen?«

»Na, hier. Früher saß er hier, dort im Gras. Da haben wir ihn doch schon gesehen, nicht war, Sus?«

»Na ja . . . nicht wirklich«, sagte Sus. »Er war hier, bevor wir geboren wurden.«

»Tss, tss«, sagte Zorobab. »Woher wißt ihr das denn?«

»Von unserer Mutter!« rief Sis. »Die hat es uns gelegt, das Bild von Hase. Als Raupen wußten wir das schon. Stimmt doch, Sus. Oder?«

Sus antwortete kaum. Sie musterte Zorobab – der hatte eine so schöne Zeichnung auf den dunkelbraunen, schuppigen Flügeln. Doch er lachte spottend. »Laß den nur

schön wehen, den Hasen«, sagte er. »Die Sonne ist doch jetzt weg? Worauf soll man jetzt noch warten?«
»Ssehen . . .« lispelte Sis. »Wir wollen ihn ssehen.«
Da sagte Zorobab: »Also wenn's nach mir geht, heiraten wir hier. Könnt ihr währenddessen ja nach Hase Ausschau halten. Dann *tun* wir doch wenigstens etwas.«
»Heiraten?« rief Sis. »Wen? Sie?«
»Ja, warum sitze ich sonst hier?«
»Oooh! Niemals! Sie glauben nicht an Hase!«
»Nein, selbstverständlich nicht«, sagte Zorobab. »Solchen Unsinn gibt es gar nicht.«
Sis stiegen die Tränen in die Augen, aber Sus hatte nichts gesagt, die starrte nur auf die braunen Schuppenflügel.
»Vielleicht . . .«, begann sie vorsichtig, »vielleicht ist das gar keine schlechte Idee . . . Wir müssen ja doch . . . und während wir heiraten, können wir gleichzeitig Ausschau . . .«
»Suss!« – Das klang wie ein schriller Schrei durch die Nacht.
Aber Zorobab sagte: »Das gefällt mir schon besser. Bleib ruhig sitzen.«
Aber das wollte Sus nicht. »Wenn ich heirate«, sagte sie, »dann will ich das anständig tun. Auf einem schönen Stückchen Borke. Und dann nur unter vier Augen.«
»Mir auch recht«, sagte Zorobab. Er tippte Sus an den Flügelenden. »Komm mit«, sagte er. »Die Blüten hier stinken mir zu sehr. Das ist nichts für eine Braut.«
Aber jetzt begann Sis so herzzerreißend zu jammern, daß Sus nicht weg konnte.
»Meine ganze Welt«, schluchzte Sis, »ja meine ganze We . . . helt ist zusammengeßtürzt.«
»Kommkomm«, tröstete Sus, »sei tapfer. Ich bleibe doch nicht lange weg. Und wenn ich zurückkomme, darfst du

mit ihm gehen. Wir können doch abwechselnd Ausschau halten? Nach Hase . . .«

»*Nein!*« kreischte Sis jetzt. »Nein, nein, nein! Ich will nicht heiraten. Nicht den. Nie! Geh du nur. Geh, geh, geh! Und sei glücklich mit diesem Hohlkopf!«

»Aber Sis . . .«

»Nein! Geh! Geh auf dein Stück Borke. Wenn du nur weißt, daß ich nicht die Tante deiner Kinder sein will. Nie, niemals! Nicht Tante der ungläubigen Kinder, die du legen wirst. Deren Tante will ich nicht sein. Daß du es nur weißt!«

Laut heulend blieb sie zurück. Sie saß da, geduckt mit ausgebreiteten Flügeln, während ihre Schwester mit diesem Zorobab wegflog, zum Baumstamm, um zu heiraten.

»Haße . . .« schluchzte sie und spähte hinunter zur kleinen Wiese.

Aber Hase erschien nicht. Sie sah nur, daß der Fledermausvater und sein Sohn in Kreisen und Achten in der Nachtluft herumflatterten.

⌘

»Sieh nur, Vater, der Mond«, sagte der Sohn.

Denn da erschien das kupferrote Gesicht voller Falten und Beulen über den niedrigen Tannen.

»Ja, Sohn«, sagte der Vater weiterfliegend, »der Mond sieht alles auf der Welt, genau so wie Hase alles hört. Mach also keine Dummheiten.«

»Nein, Vater«, antwortete der Sohn, und während des Flugs spähte er in Richtung Mauer. Denn von dorther mußte Hase kommen. Dem Sohn war, als würde er dorthin gezogen, Hase entgegen, oder . . .

Zur Mauer, zur Mauer, zur Mauer, seine Flügel zogen

ihn immer wieder in die Richtung, so daß er seltsame Kurven flog und schließlich der Vater sagte:
»Was machst du denn?«
»Nichts, Vater«, antwortete er.
»Du denkst an andere Dinge«, sagte der Vater. »Dein Kopf dreht sich immer hin und her.«
»Iich?« sagte der Sohn. »Ich denke an überhaupt nichts, Vater.«
Aber er dachte: Die Mauer, die Mauer, die Mauer.
»Der Mond holt heute abend Arkturus ein«, sprach der Vater, »und das bedeutet . . .?«
Er bekam keine Antwort.
». . . das bedeutet . . .?« fragte der Vater wieder.
Aber der Fledermaussohn war nicht mehr da. Er flog nicht mehr in Kreisen und Achten über der kleinen Wiese herum, er war verschwunden, spurlos, geräuschlos, ohne Lebewohl, und sehr unfolgsam.

⌘

Sis merkte nichts davon. Sie fühlte sich auf ihrer weißen Blütenblume genauso verlassen, und sie sah immer noch die Kreise und Achten, die der Fledermausvater weiterhin flog.
Aber Sus sah, was passierte. »Er also auch?« murmelte sie. »Er haut also auch ab.«
»Was sagst du?« frage Zorobab.
Aber sie gab keine Antwort.
»Redest du womöglich über Hase?« fragte er.
»Aber nein doch.«
Zorobab schubste sie ein wenig unsanft gegen die Baumrinde, und sie ertrug es, denn ohne Nachkommen hörte alles Leben auf, und schon bald würde sie in Ruhe und Zufriedenheit ihre Eier legen können.

»Aber den Glauben an Hase, den werde ich wohl kaum hineinlegen können«, überlegte sie. »Eigentlich ist es ganz gut, daß Sis nicht heiraten will. Da bleibt ihr eine Menge Elend erspart.« Zorobab wurde stürmisch.
»Bist du in Gedanken überhaupt bei der Sache?« fragte er.
»Ja«, seufzte sie. »O ja, Liebster, ich bin ganz die Deine. Für immer und ewig.«

⌘

Der Mond war höher gestiegen, ein ganzes Stück über die kleinen Tannen hinaus, und er glühte auch nicht mehr kupferrot, sondern leuchtete gelblich. Und das Licht fiel schräg in Madame Hermines Heim. Die Öffnung am Fuß der Steinmauer sah aus wie ein unordentliches Loch, überhaupt nicht wie das Portal eines Palastes. Aber wer wußte das? Wer, außer dem Licht, kam jemals herein?
Madame saß mit dem Rücken zum Mond, so daß ihr pockennarbiger Faltenhals voll beschienen wurde, und sie hielt ihre Juwelen nacheinander in die Glut des Mondlichtes, so daß sie funkelten und glänzten und blitzten.
Aber sie war nicht glücklich.
Sie zählte ihre achtundsechzig Perlen, sie machte von dem großen Haufen sieben Häufchen, mit dem langsam wandernden Mond verschob sie Tisch und Stuhl, sie hängte sich die sieben Ketten um, klemmte über jedes Augenlid fünf Diamanten, streifte einen Ring über das rechte Handgelenk, einen anderen um das linke, einen dritten um den linken Knöchel, und sie jammerte über den Verlust des vierten Ringes. Dann nahm sie den Ring vom linken Bein und streifte ihn über das rechte, aber nun jammerte sie, weil sie auf dem linken Fußgelenk keinen Ring mehr hatte.

Sich wiegend und drehend betrachtete sie im Spiegel aus blankgesabbertem Stein ihren plumpen Körper, an dem ihr ganzer Schmuck im Mondlicht kalt glitzerte.
»Meine Schwester«, lispelte sie, »meine Schwester hat ihn nicht, bestimmt nicht«, und sie versteckte ihr linkes Bein hinter dem rechten, um nicht sehen zu müssen, daß da etwas fehlte. »Im Teich liegt er, auf dem Boden im Schlamm. Kneis muß ihn suchen, oder ich tu's selbst. Nein, ich tu's selbst, denn wenn Kneis ihn findet, gibt er ihn nicht her.«
Sie nahm die Ketten, Ringe und Diamanten wieder vom Hals, von den Augenlidern, Armen und Beinen, hielt den größten Diamanten einen Augenblick vor den Bauch (»nein, nein, da muß ein viel größerer hin«) und legte dann alles wieder zurück in die Schachteln, die sie eine nach der anderen oben auf den Steinsims stellte, wobei sie sich immer wieder umdrehte, ob sie auch nicht beobachtet wurde. Aber wer, mit Ausnahme des Mondlichtes, wagte sich schon an Madame Hermines Höhle heran?

⌘

Kneis tauchte schnell in den Schlamm, als er sie kommen hörte. Widerliche dicke Kröte, dachte er, in meinem Wasser, ich wünschte, sie würde wegbleiben. Aber er war auch so schrecklich einsam und achtfach trauig wegen seiner acht verschlungenen Frauen, daß er gleich darauf doch wieder zum Vorschein kam und recht höflich »gutun Tug, Mudum« rief, wobei er den Kopf noch unter Wasser hielt. Gleich darauf, nun schon anständig mit dem Kopf über Wasser sprechend, sagte er: »Wie geht es Ihnen?«
»Soso, junger Fisch«, sprach Hermine, bereits badend, »bist du auch noch da?«

»Ja«, antwortete Kneis, »selbstverständlich.«
»Das ist gut«, sagte sie. »Dann hast wohl auch nichts dagegen, daß ich mal schön tief tauche, bis zum Boden? Kann ich da einmal im Schlamm wühlen. Das ist gut für meine Haut.«
»Oh«, sagte Kneis.
»Jetzt ist es da unten doch nicht zu dunkel, bei Mondlicht?«
»Tja, glaub ich nicht«, sagte Kneis.
Es war Mitternacht, der Vollmond hatte seinen höchsten Stand am Himmel erreicht.
»Dann wollen wir mal«, sagte Madame, und mit Armen und Beinen rudernd tauchte sie zum Boden des Teiches, wo ihre Bewegungen den Schlamm aufwühlten.
Bah, dachte Kneis. Wie werde ich die widerliche Kröte jemals los?
Ihm war durchaus klar, daß sie den goldenen Ring suchte; das interessierte ihn nicht, seinetwegen konnte sie alle Ringe der Welt haben, je eher je lieber, wenn sie dann nur seinen Teich meiden würde. Aber Madame Hermine wühlte im dunklen Schlamm, ohne etwas sehen zu können, denn der Mond stand doch nicht hoch genug, um bis an den Boden des Teiches Licht geben zu können.
Das hätte Vater Fledermaus ihr sagen können, daß der Vollmond im Winter hoch, aber im Sommer niedrig und im Frühjahr und im Herbst halbhoch oder halbniedrig steht. Ja, Vater, würde der Sohn brav geantwortet haben, aber eine reiche Kröte aus einem Palast voller Juwelen meint eben, das Mondlicht sei immer gleich, bei jedem Stand. Sie tauchte also wieder auf, unsere Madame Hermine, mit ihrem Kopf mit dem breiten Mund, und sie schwamm ans Ufer, wo sie sich mit ihren klammen Fingern festhielt.

»Kein Licht«, klagte sie. »Kein Licht da unten.«
»Wirklich nicht?« fragte Kneis.
»Das begreife ich nicht«, sagte sie, »wie jemand da leben kann.«
»Ach«, sagte Kneis, »man darf den Schlamm nicht so aufwühlen, wie Sie es getan haben. Dann sieht man auch nichts.«
»O ja?« meinte Madame. »Der sinkt auch wieder, oder?«
Den schweren Bauch mühsam hochschiebend kroch sie an Land und ließ sich im Gras abtropfen. Kneis blieb zurück, so dicht wie möglich unter der Oberfläche, und trauriger als je zuvor. Wofür lebe ich eigentlich noch, dachte er. Einsam und allein in einem Teich, in den nie und nimmer ein anderer Fisch kommen kann, in dem nie und nie mehr etwas zu erleben ist, außer daß nachts diese ekelhafte Kröte mein Wasser trübe macht, und morgens der abscheuliche Fischreiher kommt und mich verschlingen will. Jetzt bleibe ich einfach liegen, dachte er, totenstill an der Oberfläche, bis morgen früh, und dann lasse ich mich verschlingen. Die Angst dauert nur einen kurzen Moment, dann ist es vorbei.
Kneis fühlte einen fürchterlichen Stich im Herzen, als er wieder das Bild der anderen Erscheinung vor Augen bekam, am Rande des Teiches, jener Erscheinung, die er einmal gesehen und die einen so tiefen Eindruck auf ihn gemacht hatte: Hase. Der mit seinen gewaltigen Kiemen hin und her gefächert hatte, was kein Fisch jemals können würde, und der dann ganz kurz am Wasser, an der Welt von Kneis und seinen damals noch lebenden acht Frauen, genippt hatte.
Ach, Hase, dachte Kneis.
Morgen früh komme ich wieder, beschloß Madame Hermine, im frühen Licht. Und sie kroch zurück zur bröck-

ligen Gartenmauer. Geräuschlos und im Mondlicht wie ein blau-schwarzes Monster wirkend, kroch ihr Schatten mit.

3
Vom Ring und dem Fischreiher

Die Suche nach einer Spur oder einem Zeichen von Hase blieb ohne Erfolg. Jeden Abend meldeten die letzten hereinkommenden Fliegerinnen: »Nichts, Majestät.«

Nach sieben Tagen hatte Majestät es satt. »Man sucht nicht an den richtigen Stellen und man schnuppert mit der Nase voll Honig«, sprach sie. »Ruft Cleo.«

Die alte Cleo erschien. Sie hatte noch den vergangenen Sommer mitgemacht.

Majestät sprach: »Formiert euch zum Rad. Morgen früh, über den ganzen Garten.«

»Jawohl, Majestät«, antwortete sie getreu.

Und getreu wurde am nächsten Morgen der Befehl ausgeführt.

Mit leeren Nasen verließen die Bienen den Korb und begannen in Kreisen herumzufliegen, weiter und weiter, über den ganzen Garten, ein Rad bildend, die still in der Luft stehende Cleo als Achse, die Jüngeren als Speichen und die Weisen als Felge. Und das Bienenrad dehnte sich bis zur Mauer aus, brummte in langsamer Drehbewegung, damit die Bienen der Speichen und der Felge von allem, was im Garten war, gut Witterung nehmen konnten: Buchsbaum, Weide, Erde, Fäulnis, Löwenzahn und Wiesenschaumkraut, Klee, und einem toten Star; aber sie schnupperten nach Hase, sogar auf dem Dach des alten Schuppens, aber sie hatten keinen Erfolg. Fledermausvater rochen sie, der ganz allein unter den gebrochenen Dachpfannen schlief, Frau Spatz, immer noch brütend, ihr Mann neben ihr sitzend, den schleimigen Fischgeruch von Kneis und die Unruhe im Teich mit der Schlammluft und dem Krötengeruch von Madame Hermine, Nachtfalter rochen sie, in verborgenen Löchern und Ritzen, verborgen vor der Sonne, aber Hase rochen sie nirgends. Selbst über der Mauer, wo die Allerweisesten flogen,

ohne hinüberzuschauen, nahm niemand den Geruch von Hase auf.
»Vergebens«, wurde gerufen.
Aber die alte Cleo schlug Alarm.
»Ich rieche«, brummte sie laut, »ich rieche, ich habe hier den Geruch von Säure in der Nase, von Ameisenhonig und Ameisensäure. Das gehört sich nicht an dieser Stelle, die gehört Hase.«
Das Rad der Bienen wurde kleiner.
Die Speichen wurden kürzer, die Felge dicker, schließlich hing mitten im Garten ein enormer Bienenklumpen über der kleinen Wiese, auf der der Vogelkirschbaum stand.
»Meine Güte«, rief Frau Spatz, die alles von ihrem Nest aus beobachtete, aber Herr Spatz beruhigte sie und sagte, daß das auch das Zeichen für den Abflug des letzten Bienenvolkes aus diesem Garten sein könnte. »Sie schwärmen«, sagte er. Herr Spatz wußte, wovon er sprach.
Aber die Bienen taten etwas ganz anderes. Sie flogen zurück zum Korb, und zwar in der richtigen Reihenfolge: Vorne die Weisen, dann die Alten, und hinten die Jungen, um Ihrer Majestät zu melden, daß erstens keine Spur und kein Zeichen von Hase gefunden worden war, und zweitens, daß ein im Bau befindlicher Ameisenhaufen auf dem heiligen und verbotenen Platz gesehen worden war. Und Jetze machte Meldung, daß sie dort, an der Stelle, vor vielen Tagen eine Ameisenkönigin hatte landen sehen, die sie dann höflich gebeten hatte, woanders zu bauen und die sie dann, als sie nicht weichen wollte, mit Gewalt weggeschleppt und unter die Tannen gedonnert hatte.
»Gedonnert?« rief Cleo.

Ihre Majestät ließ den gewöhnlichen Ausdruck durchgehen und fragte: »Ist das dieselbe Königin?«
Das wußten die Bienen nicht. Auch Jetze nicht.
»Nun ja«, sprach Majestät, »das ist auch nicht entscheidend. Das Gebäude muß auf alle Fälle verschwinden, zerstört und mit dem Erdboden gleichgemacht werden. Das sind wir Hase schuldig, denn das ist sein ureigenster und geliebter Platz. Wir sollten uns dafür einen Plan ausdenken.«
Schweigend stimmte das Volk zu.
»Inzwischen bereitet uns die Abwesenheit von Hase, ohne die geringste Spur und ohne das kleinste Zeichen von ihm, größte Sorge. Was vermögen wir noch daran zu tun?«
Da es keine Antwort wußte, schwieg das Volk erneut. Um so deutlicher war darum im Hintergrund das piepsige Stimmchen von vorhin zu hören: ». . . doch dort suchen? Wenn er doch hinter der Mauer wohnt? Ich verstehe . . .«
»Grünschnäbel haben den Mund zu halten!« rief die alte Königin mit schnarrender Stimme. »Niemand geht über die Mauer!«
Das Schweigen wurde peinlich, aber angerempelt wurde die Kesse nicht mehr, dafür war sie in den sieben Tagen zu groß geworden; und in der Nacht, in der tiefsten Finsternis des Korbes, begann sie aufsässig zu flüstern: »Und ich fliege doch! Doch über die Mauer! Ich fliege aus. Morgen früh fliege ich aus, und niemand hält mich zurück, und ich fliege über die Mauer, wo Hase zu finden ist, haha Hase! Wer will mich zurückhalten? Niemand! Und wer fliegt mit . . .?«
Wer geht mit? Diese Frage blieb zitternd vor Bedeutsamkeit in der pechschwarzen Luft hängen.

Am nächsten Morgen war die junge Kesse verschwunden.
Aber nicht alleine. Neun großäugige Drohnen waren ihr gefolgt. Über die Mauer.

⌘

Der Bau des Ameisenhaufens ging zügig voran, aber die Königin war noch nicht eingezogen.
»Erst müssen meine Gemächer tadellos in Ordnung sein«, hatte sie erklärt. »Geräumig und solide wünsche ich sie mir, und tief in den Berg hinein, denn ich möchte darin mein ganzes weiteres Leben verbringen.«
So ist es Brauch bei Ameisen.
Und während das Volk die schweren Tannennadeln für den Bau mühsam eine nach der anderen den langen Weg durch das Gras heranschleppte, verblieb ihre Majestät in einer vorläufigen Höhle unter den Tannen. Und jeden Tag ließ sie sich über die Fortschritte am Bau informieren.
»Der Raum für die Läuse«, fragte sie, »sollte der nicht größer sein? Raum für zweihundert reicht nicht aus. Sechs- bis siebenhundert müssen es mindestens sein.«
»Aber Majes . . .«
»Ich kenne kein *Aber*. Ich kenne nur *Ja*. Ja, Majestät, verstanden!«
»Ja, Majestät.«
»Siebenhundert Blattläuse. Und ausreichend Raum, um sie zu melken.«
»Ja, Majestät.«
»Hat schon eine Treibjagd im Baum stattgefunden?«
»N . . . Ja, Majestät, wir haben noch keine Läuse gefangen, weil die Räume . . .«
»Was???«

»Ja, Majestät. Die Unterkünfte und die Melkräume sind noch nicht fertig.«
»Aber morgen doch . . .?«
»Ja, Majestät, übermorgen.«
»Wenn ich morgen sage, dann meine ich morgen. Übermorgen wünsche ich den Bau zu besichtigen.«
»Ja, Majestät, übermor . . .«
»Mit zwölf Trägern. Nimmermüden.«
»Ja, Majestät. Es sind Bienen wahrgenommen worden.«
»Bienen?«
»Eine Wolke. Eine sehr dichte Wolke, sehr niedrig. Aggressiv summend. Wir sind beunruhigt.«
»Dafür gibt es keinen Grund. Unser Volk ist nicht beunruhigt. Es trifft Vorkehrungen.«
»Ja, Majestät.«
»Schickt mir die Adjutanten.«
»Ja, Majestät.«
Die Königin der Ameisen hatte fünf Adjutanten, jeder von ihnen hatte angriffslüsterne Kiefer und einen Unterkörper voller Griftdrüsensaft. Sie traten ein, bildeten sofort einen Kreis um ihre Königin und blieben trippelnd stehen, denn es fiel ihnen schwer, nicht sofort alles in ihrer Umgebung niederzuspritzen, schließlich hatte Majestät sie doch nicht ohne Grund zu sich gerufen.
»Stehen bleiben!« befahl die Königin mit schriller Stimme. »Still stehen und zuhören!«
Die fünf Adjutanten standen still und hörten zu.
»Es sind Bienen in der Luft wahrgenommen worden«, sprach die Königin. »Ein bedrohlicher Schwarm.«
»Wo, wo?« riefen die Adjutanten, und einer spritzte eine Giftladung in die Luft, denn er hielt es für richtig, gleich kurzen Prozeß zu machen.
»Ruhe, bitte«, befahl die Königin. »Hebt das auf, bis es

benötigt wird.« Und die anderen vier sagten: »Ein bißchen mehr Disziplin, Zdenjek, darum möchten wir doch bitten.«
»Pardon«, sagte der.
»Morgen gehe ich hinüber zum Hügel«, sagte die Königin. »Fertig oder nicht fertig, ich wünsche dort zu residieren, nun, da die Bienen etwas vorzuhaben scheinen. Ist das klar?«
»Ja, Majestät«, antworteten sie fünfstimmig.
»Und ihr bildet die Eskorte.«
»Ja, Majestät.«
»Zwölf Träger haben wir. Ihr sorgt für zwei Dutzend Soldaten Begleitschutz, und ich wünsche, daß jeder von euch an meiner Seite bleibt, zu meinem persönlichen Schutz. Gegen Gefahr zu Land und Gefahr zu Luft.«
»Ja, Majestät.«
»Aufbruch beim ersten Sonnenstrahl.«
»Ja, Majestät.«
»Vorwärts!«
»Ja, Majestät.«
Trippelnd und so ehrerbietig wie möglich verließen die fünf Adjutanten die Höhle, und ein jeder trug die Hoffnung auf Feinde in der Brust.
Und am nächsten Morgen standen sie beim ersten roten Sonnenstrahl mit einer Eskorte von zwei Dutzend Soldaten abmarschbereit angetreten, alle den Unterkörper voller Giftdrüsensaft.
»Majestät?«
Aber die Königin der Ameisen ließ auf sich warten.
Aus der Höhle kam keine Antwort.
»Majestät?«
Die Adjutanten waren sich nicht sicher, ob es wohl schicklich war, zweimal zu rufen. Außer Zdenjek, der

öffnete die Kiefer zum dritten Mal: »Majestät, wir sind abmarschbereit!«
Nun erschien einer der Träger. »Ssst, Ruhe! Wir sind nur elf. Wir warten auf den Zwölften, der nicht erschienen ist.«
»Was ist?«
»Sie ist wütend.«
»Ach so.«
Aber Zdenjek sagte: »Dann kann ich doch einspringen? Ich trage sie alleine. Spielend.«
Bevor die anderen Adjutanten ein Wort sagen konnten, stürmte er in die Höhle, gefolgt vom aufgeregten Träger. Und zur allgemeinen Überraschung kam ihre Majestät gleich darauf heraus. In voller Länge ausgestreckt lag sie in den Armen der Träger; zwei hielten ihren Kopf, zwei ihren Hals, zwei den Brustkorb, zwei die nadeldünne Taille, und drei hielten gemeinsam mit Zdenjek den schweren, schwarzglänzenden Unterkörper ehrfurchtsvoll umklammert. Sie gingen, wie Königinnenträger das lernen, auf ihren vier Beinen im Wechselschritt, wodurch ein unregelmäßiges Schaukeln entstand, das ihrer Majestät das einschläfernde Gefühl der Sicherheit gab.
»Ogottogott, ist die schwer«, keuchte Zdenjek schon nach wenigen Metern. Ein Adjutant ist eben kein Träger, wie sich zeigte, und schon bald kam er aus dem Tritt.
»Halt!« rief die Königin. »Das gefällt mir nicht. Wer keucht denn hier so laut?«
»Ich«, keuchte Zdenjek.
»Schlappschwanz! Ich degradiere dich zum gemeinen Arbeiter. Und jetzt vorwärts!«
Der Zug setzte sich wieder in Bewegung, vierundzwanzig Soldaten Begleitmannschaft, fünf Adjutanten und elf Träger, die ihre schwere Königin mühsam über Zweige,

Tannennadeln, Kieselsteine und Strohhalme bis an den Rand der kleinen Wiese schleppten.
Aber Zdenjek schaffte es nicht. Unbemerkt tauschte er mit einem Taillenträger, da hatte er es nicht ganz so schwer.
Einer der Adjutanten versuchte, mit einer angenehmen Plauderei ihre Majestät von ihrem Ungemach abzulenken. Er sagte: »Majestät, sehen Sie nur, wie grün Ihr Gras ist (denn alles gehörte der Königin), wie herrlich lind Ihre Morgenluft ist, wie azurblau Ihr Himmel ist. Sehen Sie nur, wie Ihre Käfer vor unserer heranrückenden Kraft fliehen (auch die Feinde waren Eigentum der Königin), und mit Ihren Bienen wird es wohl auch nicht so schlimm sein.«
Das hätte er nicht sagen sollen. »Red kein dummes Zeug, Mann«, sagte die Königin und machte eine ungnädige Bewegung, die den Trägern Schwierigkeiten bereitete.
Es wurde eine fürchterliche Reise.
Mehrere Taufelder mußten umgangen oder weggetrunken werden, und eine frühe Kreuzspinne versperrte den Weg, so daß Zdenjek kurzentschlossen seinen Trägerposten verließ und seiner Majestät Feind eine Ladung Ameisensäure ins Gesicht spritzte, woraufhin die Spinne laut kreischend floh. Aber die Königin war in eine Schräglage gekommen. »Zdenjek wieder?« fragte sie ungnädig. Ihre Laune war so schlecht, daß niemand ihr das Gute der Tat ihres treuen Adjutanten erklären konnte.
»Gemeiner Arbeiter? Noch zuviel der Ehre«, sprach Majestät. »Läusemelker, das kann er werden, und zwar sobald wir am Bestimmungsort angekommen sind.« Und sie hob den Kopf, um Ausschau nach ihrem Berg zu halten, an dem noch gebaut wurde.
»Schneller gehen!« befahl sie den Trägern. »Beeilung,

hopp-hopp! Links-zwo-drei, hopp, links-zwo-drei, hopp, Beeilung, Beeilung!«

Mit ihrem dicken Hintern stieß sie die Träger zu mehr Eile an, aber die wurden von den Stößen nur irritiert und kamen aus dem Wechselschritt.

Es wurde eine fürchterlich strapaziöse Reise. Da war eine kleine Grille, die immer wieder über sie hinwegsprang. Ohne Schwierigkeit. Um sie zu ärgern, so schien es. Und die Kreuzspinne schickte ihnen ihren Bruder auf den Hals, und dann lag da auch noch quer auf dem Weg ein langer Wurm, der nur sehr langsam vorbeikroch. Und um den toten Star, da mußten sie ganz drum herum, das kostete eine halbe Stunde.

Als es dann am allerschlimmsten war, da hatten sie aber schon den vagen Duft des Vogelkirschbaums in den Nasen, und in nebliger Ferne sahen sie etwas Hohes, was vielleicht der im Bau befindliche Haufen sein konnte, da erschien die Biene. Als wollte sie sich in aller Ruhe anschauen, wer da unter ihr herzog, blieb sie laut summend über der Ameisenkarawane hängen, was einen scharfen Wind verursachte.

»Laufschritt!« befahl die Königin. »Trab! Galopp!« Denn ihr war klar, daß die Biene ihr ganzes Volk warnen würde.

»Wir können nicht mehr«, keuchten die elf Träger. Sie ließen sogar – ungebührlich – das Wort »Majestät« weg, so erschöpft waren sie. Zdenjek sagte überhaupt nichts. Die vier Adjutanten hoben ihr Hinterteil, zielten, und beschossen die Biene mit einer Salve Ameisensäure, die vierundzwanzig Soldaten der Begleitmannschaft verspritzten gleichzeitig ihr ätzendes Gift, aber mühelos wich die Biene dem Sperrfeuer aus. Zdenjek, der die Taille ihrer Majestät erneut losließ, traf endlich.

Wütend flog die Biene fort.
»Noch schlimmer!« brüllte die Königin. »Im Laufschritt! Trab! Galopp! Warum habt ihr keine Flügel?«
Mit ihrem Hintern schubste sie die Träger so heftig, daß die nicht nur keinen Schritt mehr gehen konnten, sondern unter ihrem wütend hin- und herzappelnden Gewicht auch noch zu fallen drohten.
In dem Moment kam der zwölfte Träger in Sicht. Er war nicht allein. Ihm folgten noch elf Träger und eine halbe Armee von Soldaten.
»Majestät«, rief er von weitem, »zu Ihren Diensten!«
Und das stimmte. Dieser Träger war auf eigenen Entschluß zum Hügel gelaufen, um die Ankunft der Königin anzukündigen.
In stockdunkler Nacht hatte er die gefährliche Wiese überquert.
»Sie kommt! Sie kommt!« hatte er gerufen. »Sorgt dafür, daß alles in Ordnung ist!« Auch an die Gefahr, die von den Bienen drohte, hatte er gedacht. »Soldaten, zusätzliche Soldaten müssen ihr entgegengehen, und Träger«, hatte er atemlos vorgeschlagen.
Für die Königin bedeutete das zwar die Rettung, aber jetzt wurde ihre Majestät von harten und knochigen Armen ungemütlich gerüttelt und geschüttelt, denn die neuen Träger waren keine Königinnenträger – mehr als zwölf hatte kein Volk jemals nötig –, sie waren es gewöhnt, Holz, Stroh und tote Tierchen zu transportieren, und dabei wurde gestoßen und gezogen und gezerrt und getreten, vom Wechselschritt hatten sie noch nie etwas gehört.
Aber sie retteten der Königin das Leben. Im Sturmschritt brachten sie sie das letzte Wegstück bis zum Eingang des Haufens, gerade noch rechtzeitig, denn die Bienen ka-

men schon in einer großen summenden Wolke angeflogen.

»Spritzen!« rief Zdenjek.

Tapfer führten die Soldaten den Befehl aus. Die zwei Dutzend, die die ganze Reise mitgemacht hatten, und die halbe Armee aus dem Hügel richteten gemeinsam das Hinterteil auf den feindlichen Schwarm und spritzten zur Abwehr ihre scharfe Säure in die Luft.

Das half ein wenig. Jedenfalls genug, um den Rückzug zu decken, aber die letzte Ameise hatte niemanden als Dekkung.

Und die letzte Ameise, das war Zdenjek.

»Vorwärts!« rief er, »vorwärts!« Bis alle drinnen waren. Aber als er selbst als Letzter der Nachhut noch eine Ladung verspritzen wollte, hatte er keine Säure mehr. Zdenjek war eine leere Ameise.

»Das ist er!« rief die am niedrigsten fliegende wütende Biene. Sie ergriffen ihn. Aber nicht, um ihn zu töten, denn dafür sind Bienen zu listig. Zdenjek wurde mit in den Korb genommen. Als Geisel.

⌘

»Ach, der?« sagte die Königin der Ameisen. »Hieß der Zdenjek? Das war mir gar nicht bekannt, aber auf den können wir verzichten, wie auf Kieferschmerzen.«

»Aber Majestät, ein Adjutant . . .«

»Der eine Träger«, sagte die Königin, »der Alarm geschlagen hat, der hat Verstand. Das hat sich gezeigt. Der kann die offene Stelle einnehmen. Ernennt ihn zum Adjutanten.«

»Majestät, dann gibt es nur noch elf . . .«

»Ich brauche nicht mehr getragen zu werden«, sprach die Königin. »Nur bei der Besichtigung des Hügels. Danach

bleibe ich in meinem Gemach. Mein ganzes Leben lang. Und jetzt auf Läusejagd. Vorwärts!«
»Aber Majestät, die Bienen . . .«
»*Aber?* Habe ich nicht gesagt, daß ich das Wort nicht mehr hören will? Los, in den Baum, und zwar schnell! Ich wünsche den Stall voller Läuse zu haben. Und zwar noch heute abend.«
Die vier Adjutanten beeilten sich, um Jäger und Soldaten zusammenzurufen. Sie mußten ihren Kameraden Zdenjek vergessen, einen unangenehmen, besserwisserischen und speichelleckerischen Königinnenträger in ihrer Mitte aufnehmen, und sie mußten eine große Treibjagd auf Läuse, die lebend und unverletzt zu fangen waren, in kurzer Zeit organisieren und durchführen.
»Sie ist hart, unsere Königin. Knochenhart«, murmelte einer der Adjutanten.
Vielleicht muß eine Königin der Ameisen so und nicht anders sein.

⌘

Der Vogelkirschbaum stand nun in voller Blüte; er sah eher weiß als grün aus, so viele Blütentrauben hingen zwischen den Blättern, und drumherum schwebte wie ein schwüler Nebel der Duft, dem sich keine Nase entziehen konnte.
»Ich glaube, jetzt kann ich schon etwas fühlen«, sagte Frau Spatz. »Unter mir kratzt etwas.«
»Sind auch schon Risse zu sehen?« fragte Herr Spatz interessiert.
»Nein, das glaube ich nicht.«
»Dann dauert es bestimmt noch einen ganzen Tag«, sagte Herr Spatz.
»Ach«, sagte sie, »und ich hatte schon gehofft, ich könn-

te heute nacht, bei Monduntergang, noch einmal zur kleinen Wiese.«

»Das solltest du nicht tun, Frau.«

»Doch. Ich will zu Hase.«

»Das ist nicht Hase.«

»Doch, das ist Hase. Er heißt nur Maulwurf.«

»Liebste, das ist nur ein Sandhaufen. Ein totes Ding. Hase ist lebendig.«

»Aber ich habe ihn doch sprechen gehört. Und ich habe sein Gesicht gesehen.«

Herr Spatz seufzte. »Wie oft habe ich nun schon gesagt, daß das eine Täuschung gewesen sein muß. Im Licht des Mondes . . .«

»Aber Maulwurf . . . Den habe ich doch nicht einfach erfunden!« rief Frau Spatz. »Oder denkst du womöglich . . .« Sie beendete ihren Satz nicht.

Herr Spatz beendete seinen vorher angefangenen Satz auch nicht. Das war die beste Möglichkeit, um Streit zu vermeiden. Sie hatten in letzter Zeit ja schon zuviel Streit gehabt. Um doch noch ihre Ehe zu retten und ihre Kinderchen, die alsbald aus den Eiern schlüpfen würden, anständig und mit genügend Raupen und den richtigen Regenwürmern großziehen zu können, hatten Herr und Frau Spatz beschlossen, alle Gespräche, die zum Streit führen könnten, sofort mit einem nicht vollendeten Satz abzuschließen. Und zwar jeder einen. Manchmal sogar zwei. Der gräßlichste unvollendete Satz war: »Ich mag . . .«, denn dann wußte der andere nicht, ob der Satz nur mit dem Wörtchen »dich« beendet werden müßte, oder ob womöglich »nicht mehr« folgen sollte.

Nach einer Zeit des Schweigens, in der Frau Spatz brütete und Herr Spatz untätig herumsaß, da sie ja doch keinen Happen haben wollte, selbst wenn er ihr zehnmal

die fetteste Raupe anbot, nicht einmal eine Assel wollte sie, nach langem Schweigen sagte dann wieder einer der beiden etwas.
Diesmal Frau Spatz.
»Was pickst du denn an dir herum?« sagte sie.
»Mich juckt's.«
»Jucken? An den Zehen?«
»Ja«, sagte Herr Spatz, als wäre ihm das gerade erst aufgefallen. »An den Zehen.« Über seinen Bauch hinweg schaute er an sich herunter.
»Herr Gott!« rief er. »O nein! Ameisen!«
»Was sagst du?«
Aber Herr Spatz hopste zur Seite und schüttelte sich die Flügel aus.
»Der ganze Baum sitzt voll. Merkst du nichts?«
Frau Spatz fuhr auf. »Huch«, rief sie, »das ist es, was ich fühlte. Hol sie weg, Mann. Pick sie von meinen Eiern runter!«
Herr Spatz gehorchte, hilfsbereit und liebevoll, aber es war aussichtslos.
Es erschienen immer wieder neue Ameisen, Hunderte, Tausende.
»Wo kommen die plötzlich her?« wollte Frau Spatz wissen, aber ihr Mann hatte ganz in der Nähe des Baumes den Haufen gesehen, an dem gearbeitet wurde.
»Na ja«, sagte er, »setz dich nur wieder hin, Frau. Ich glaube nicht, daß sie etwas Böses im Schilde führen.«
»Aber ich finde sie unappetitlich«, sagte sie.
»Ach, ab und zu ein saures Häppchen, so zwischendurch«, meinte Herr Spatz.
»Bitte, setz du dich dann doch ein Weilchen drauf«, sagte Frau Spatz. »Du hast in all den Tagen erst einmal gebrütet.«

»Ja, und du gehst dann natürlich zu dem Sandberg. Zu deinem Ballwurf.«
»Maulwurf!« rief Frau Spatz ärgerlich.
»Warte nur, bis du Hase siehst. Den echten Hase. Dann ist es aus mit deinen Hirngespinsten.«
»Dein Hase«, schrie Frau Spatz, »dein Hase hängt mir zum Halse raus! Den gibt es überhaupt nicht. Damit hast du mich belabert, um mich heiraten zu können. Ausgedacht hast du dir den, so gut du konntest, weil ich dir ja glauben und dir folgen sollte, hierher zu diesem Baum, in ein Nest, von dem aus ich den gewaltigen, den großartigen, den allesbeherrschenden, den rettungbringenden, den vollkommenen, den mysteriösen, den was-weiß-ich Hasen sehen würde. Anschauen, wie du es nennst. Jeden Abend, Liebste, erscheint er in aller Herrlichkeit. ... Ach, mir wird ganz schlecht davon. Setz du dich nur schön auf die Eier und Ameisen, ich flieg zu Maulwurf.«
Und sie flog fort. »Maulwurf«, tschilpte sie. »Maulwurf, Maulwurf, Maulwurf, bist du da?«
Was blieb Herrn Spatz übrig? Träge kroch er ins Nest und ließ sich umsichtig auf dem Gewimmel nieder.
»So viele Sätze«, murmelte er kopfschüttelnd, »hätte sie doch einen nicht beendet.« Er warf einen Blick auf die Ameisen links auf dem Zweig, rechts auf dem Zweig, auf dem Stamm, auf Ästen und Blättern, und er versuchte, sie nicht zu fühlen.
Aber dann sah er, daß nicht alle Ameisen schwarz waren. Da krochen auch hellgrüne ... Das war nicht möglich! Herr Spatz schaute genauer hin. Und dann sah er, daß es Blattläuse waren. Gefangene. Sklaven, die fest im Griff von einer oder von zwei Ameisen mit nach unten genommen wurden, zum Fuß des Baumstammes, wo der Ameisenhaufen war. Dutzende, Hunderte.

»Das ist gut«, murmelte Herr Spatz. »Ich brauche nicht einmal aufzustehen. Sitzend und brütend kann ich sie essen, sie werden mir gereicht.«

Und er pickte sich ein paar leckere, fette grüne Blattläuse heraus. »Das wird sie freuen, wenn sie zurückkommt«, murmelte er. »*Wenn* sie zurückkommt.«

Aber gleich darauf verlegten die Ameisen ihren Weg, sie machten nun einen großen Bogen um das Vogelnest.

Als Frau Spatz zurückkam, (ja, sie kam zurück), war ringsumher keine schwarze Ameise und keine grüne Blattlaus mehr zu sehen. Es war auch kein Gekrabbel mehr zu spüren.

»Maulwurf gesehen?« fragte Herr Spatz beiläufig.

»Kümmere dich um deine eigenen Angelegenheiten«, antwortete Frau Spatz. Das klang sehr schnippisch. Eigentlich war das ja auch kein Wunder, nachdem sie so viele Tage bewegungslos auf zerbrechlichen Eiern gesessen hatte. Und der blühende Baum, der Vogelkirschbaum, duftete und duftete. Wenn man darin wohnte, merkte man das schon bald nicht mehr. Aber wer daran vorbeikam, in diesem Frühjahr, wurde leidenschaftlich vor Verlangen.

⌘

So flog der Fledermausvater nun schon in der dritten Nacht einsam seine Kreise um den blühenden Baum, und in der Brust hatte er das Gefühl, als wäre sein Herz über den Verlust des Sohnes gebrochen.

»Hase«, rief er in sehr hohem, schrillen Ton, der eigentlich von niemandem gehört werden kann, »großer und starker Hase, der du alles hörst, was auf der Erde geschieht, wo bist du, wo bleibst du, wo ist mein Sohn? Hast du ihn gesehen, Hase, ist er dir entgegengegangen?«

Soll ich auch zur Mauer? dachte der Fledermausvater. Nein, das wäre nicht schicklich, meinte er, und so flatterte er über der kleinen Wiese umher, wartend, während Wega stieg, Kapella sank und der Bär sich über seinem Kopf drehte. Etwas später erschien der Mond, die rechte Seite des Gesichtes unsauber weggewischt, und die Sterne verblaßten.

Plötzlich war dem Vater, als träume er, denn neben dem Echo seiner eigenen Stimme erklang ein anderer schriller und hoher Ton, der nur zum Ohr eines Fledermausvaters durchdringen kann.

»Sohn!« rief er.

Die Stimme war nur ganz kurz zu hören gewesen, schwach und zaghaft, aber der Vater brauchte nichts mehr zu hören, er fand die Stelle, wo sein Sohn versteckt und mit abgewendetem Kopf hing.

»Sohn! Hast du ihn gefunden?«

»Ach, Vater«, antwortete der Fledermaussohn.

»Daß du wieder da bist, Junge. Und gesund.« Der Vater hängte sich neben ihn, schaukelte an dem dünnen Zweig. »Kommt er noch? Oder . . . oder war er gar nicht da?«

»Hase?« fragte der Sohn nun.

»Selbstverständlich, Hase«, rief der Vater. »Wer denn sonst?«

»Ach, Vater«, sagte der Sohn wieder.

Der Fledermausvater schwieg.

»Ach Vater, die Mauer lockte. Ich mußte hin, und ich dachte, es wäre Hase, der mich rief, mich lockte. Ich hielt es nicht länger aus und ging. Zur Mauer ist es weit, Vater, und auch wieder nicht; sie ist hoch, aber man kann leicht drüber hinweg; sie ist alt und brüchig und voller Löcher und Ritzen, aber sie fällt nicht um. Die Mauer ist schön, Vater, eine lange Geschichte ist da reingekratzt, aber ich konnte sie nicht lesen, ich bin zu jung. Und bei der Mauer wartete ich. Und ich hatte Angst, weil man da ja nicht sein darf, und ich hatte keine Angst, weil es da so schön ist, und ich konnte nicht zurück, ich mußte warten, bis Hase kommen würde. Dann kam Geflatter über die Mauer, Vater, und ich begann zu zittern vor Spannung, und ich hörte eine Stimme: Bist du da? Ja, rief ich. Ich war da. Und dann sah ich nicht Hase, sondern *sie*.«

»Was sagst du, Junge?« fragte der Vater.

»Meine Liebste«, antwortete der Sohn. »Ich sah eine Fledermaustochter. Von jenseits der Mauer kam sie, und als ich ihr Flattern sah, da wußte ich . . .«

Es blieb lange still, weil der Sohn nicht weitererzählte und der Vater keine Fragen stellte.

»Ich bin mit ihr geflogen«, stieß der Sohn schließlich hervor, »über die Mauer.«

Der Vater schwieg weiterhin.

»Es ist da so süß«, fuhr der Sohn behutsam fort, »so süß, Vater. Sie flederte vor mir her, ihr Rücken glänzte im Mondlicht, daß ich fast nicht hinschauen konnte, aber ich mußte hinschauen, und auch auf ihren Hals und ihre Ohren, und auf ihre geschmeidigen Finger mit den Flughäuten dazwischen – sie flattert wie keine andere, die ich jemals gesehen habe.«

»Hmhm«, sagte der Vater nun.

»Dann flogen wir Kreise, größere als wir hier jemals geflogen sind, Vater, und Achten, mit Kurven, so groß, wie sie über unserer kleinen Wiese gar nicht möglich sind, und sie lehrte mich auch, die Sechs zu fliegen, und die umgekehrte Drei, die eine halbe Acht ist.« Der Vater räusperte sich. »Kannte sie auch die Sterne, Sohn?«

»O ja, Vater, alle. Sogar die Veränderlichen Sterne, die manchmal da sind und manchmal nicht.«

»Aber sie ist von jenseits der Mauer«, sagte der Vater.
»Ja«, sagte der Sohn. »Sie ist von jenseits der Mauer, aber ich liebe sie.«
»Ach, Sohn«, sagte der Vater. »Die Liebe ist wie die Sonne, die macht blind.«
»Die Liebe ist süß«, flüsterte der Sohn, »so süß, Vater. Ich habe sie gekostet.«
»Das weiß ich, Junge. Das weiß ich. Aber jenseits der Mauer hast du dich nicht umgeschaut. Du hast nur sie gesehen, ihren Rücken und ihre Ohren und ihre geschmeidigen Finger zwischen den Flughäuten. Was sonst noch?«
»Ach, Vater, die Weite.«
»Sohn, . . . dort gibt es keinen Schutz!«
»Wir schliefen in einer Höhle, in einem alten Weidenbaum.«
»Die Weide wird fallen, Sohn, und wird dann eine andere da sein?«
Der Sohn schwieg. Totenstill hingen sie nebeneinander an dem dünnen Zweig; der Sohn dachte: Mein Vater versteht mich nicht.
Und der Vater dachte: Mein Sohn versteht mich nicht. So blieb es still zwischen den beiden, bis der Mond unterging. Da sagte der Vater: »Sohn, bringe sie dann hierher und lebe mit ihr hier im Garten.«
Der Sohn dachte nach und sagte: »Ich werde sie fragen.« Denn er wollte seinen Fledermausvater nicht gern auf immer verlassen.
So flog er wieder über die Mauer zu seiner Geliebten, und der Vater blieb wartend am Zweig hängen.
Während der ganzen Zeit hatten Zorobab und Sus mucksmäuschenstill aneinandergedrückt auf der Baumrinde gesessen, ohne es zu wagen, sich zu bewegen. Das

Beieinandersein in der dritten Nacht seit ihrer Hochzeit war alles andere als vergnüglich.
Aber auch die Tage davor hatten eigentlich nur Unannehmlichkeiten gebracht. Und zwar einzig und allein durch Sis.
»Laß die Ziege doch in ihrem eigenen Saft schmoren«, hatte Zorobab schon bald zu Sus gesagt.
Aber das hätte er nicht sagen sollen. Es zeigte sich, daß Sus und Sis unzertrennlich waren. Also blieb die Nörgelsuse immer in ihrer Nähe, obwohl sie ihn doch gar nicht heiraten wollte.
»Zwei Frauen sind mir nicht zuviel«, hatte Zorobab viermal gesagt, aber nicht öfter, denn da war er schon froh, es nicht auch noch mit Sis als Ehefrau zu tun zu haben. Vor allem tagsüber im Schuppen war es schrecklich. Zum Verrücktwerden, wie die beiden gegen das Fenster flatterten. Nachts war es etwas besser. Dann saß Sis wenigstens irgendwo abseits im Gras und rief jammernd nach Hase.
Da der Fledermausvater nun ganz alleine und ganz still an seinem Zweig hing, flüsterte Zorobab so leise er konnte seiner Sus ins Ohr: »Komm mit.«
Dann führte er sie vorsichtig und unhörbar über die Baumrinde zur anderen Seite des Stammes. Dort krochen sie noch ein Stückchen herunter.
»Hier stinkt es nach Ameisen«, sagte Zorobab etwas weniger leise. »Hier sind unzählige davon herumgelaufen.«
Sus sagte: »Sei doch still.«
Dann flogen die beiden Nachtfalter auf. Als sie ein Endchen geflogen waren, sagte Sus: »Ich geh noch mal kurz zu Sis.«
»Meinetwegen. Wir sehn uns ja noch«, sagte Zorobab.

Sus flog an den Blüten vorbei. Ich werde schwerer, dachte sie. Ich muß mir überlegen, wo. »Sis, wo bist du?« rief sie, aber nicht zu laut, denn noch hing die Fledermaus in der Nähe.
Es kam keine Antwort. Sus suchte nun weiter unten zwischen den wuchernden Brennesseln und Gundelreben am Rande der kleinen Wiese. »Sis! Sis, wo bist du?«
Keine Antwort.
Sus flog dicht über der Erde, umkreiste den Maulwurfshaufen, kam zum toten Star, und daneben, hoch auf einer Pusteblume, saß Sis.
»Sis! Hier sitzt du?«
»Ja«, sagte Sis. »Und hier bleibe ich auch.«
»Wie meinst du das? Du wartest doch auf Hase?«
»O nein«, antwortete Sis weinerlich. »Ich warte auf das Ende. Ich will sein wie der da.« Sie deutete auf den toten Star. »Tot.«
»Aber Sis, das ist doch nicht dein Ernst.«
»Und ob. Und ob. Und ob. Ich glaube nicht mehr an Haße. Ich glaube an nichtss mehr. Nichtss, nichtss, nichtss.«
»Kommkomm«, sagte Sus. »Ich wollte dich fragen . . .«
»Geh du nur zu deinem Mann, ßu deinem feinen Ehegatten, ßu dem ßärtlichen SSorobab. Und laßß mich in Ruhe.«
»Aber Sis, ich brauche dich doch. Ich muß schon bald . . .«
»Pah!« rief Sis mit tränenerstickter Stimme. »Mich brauchen!«
»Ja! Ich muß schon bald Eier legen. Und du mußt mir helfen, wo . . .«
Einen Augenblick blieb es still.
»Eier?«

»Ja, natürlich. Das gehört doch zu einer Ehe, Sis. Das weißt du doch genau. Und du . . .«
»Ich? Ich? Was hab *ich* damit zu tun?« rief Sis plötzlich ganz schrill.
»Genausoviel wie ich«, sagte Sus ruhig. »Du könntest auch ruhig heiraten. Noch ist Zeit. Und Zorobab . . .«
»Ssorobab, puh!« rief Sis laut.
»Nicht so laut! Die Fledermaus hängt in der Nähe.«
»Na und? Gut so! Prima! Soll sie mich doch fangen. Dann iss mein Elend vorüber.«
»Du redest dummes Zeug«, begann Sus immer noch ruhig. »Du solltest lieber heiraten. Dann hast du keine Zeit mehr für dein Elend.«
Sis fing an, herzerweichend zu weinen, aber Sus redete weiter: »Es gibt Männer genug, die dich haben wollen, Sis. Und sogar gutaussehende, mit matt orangefarbenen Zeichnungen auf den Flügeln.«
»Ich will nicht, ich will nicht, ich will Haße«, jammerte Sis laut.
Sus wurde wütend und begann auch zu schreien: »Was hast du von Hase, der nicht kommt, und den du auch gar nicht heiraten kannst, von dem du überhaupt nichts hast, nur sitzen und gucken kannst du, ob er kommt.«
Sis heulte und jammerte weiter, aber Sus fuhr fort: »Ich werde dir mal was sagen, Sis: Der ganze Hase ist eine Erfindung. Du verschwendest nur dein Leben daran. Tschüß!«
Sie flog auf. Sie flog fort. Sie flog wütend fort. In einem wütenden Bogen, aus dem ein Kreis wurde, ein großer Kreis, ein Kreis, der sie zurückführte; und flatternd landete sie wieder auf der Pusteblume. Neben Sis. Sie sagte nichts, und Sis schwieg auch. Es wurde nicht mehr geschrien und auch nicht mehr geheult. Nach einer Weile

sagte Sis: »Lieber draußen, Sus. Da, beim Wegerich, unter die Blättchen. Die werden ihnen schmecken, den Raupen. Das ist besser als im Schuppen. Bessere Chancen. Und ich . . . ich werde ihre Tante sein.«

Inniger als sie es jemals mit Zorobab getan hatte, umarmte Sus nun ihre Schwester Sis.

»Ja«, flüsterte sie, »und von dort aus werden sie auch . . . gut Hase sehen können.«

Der halb ausgewischte Mond begann zu sinken, aber lange bevor er hinter den Bäumen verschwinden würde, begann im Osten der gefährliche Lichtfleck sich auszubreiten.

»In den Schuppen, Sis!« rief Sus.

Auch der Fledermausvater sah das Aufsteigen der Hölle. Wo bleibt mein Sohn, dachte er.

Lange zu warten war nicht mehr möglich. Als die Luft unübersehbar rosa zu werden begann und darin die Venus wie ein funkelnder Morgenstern aufstieg, stieß sich der Fledermausvater vom Zweig ab und flatterte in einem letzten Bogen zurück zum Schuppen, flog durch die halb geöffnete Tür hinein und hängte sich wieder auf seinen festen Platz am Hahnenbalken.

So verläßt ein Sohn seinen Vater, dachte er, um mit einer Frau zusammenzuwohnen. Betrübt starrte er zu Boden, wo die allerfrechste der in den Schuppen gewachsenen Brennesseln weißer und weißer zu werden schien.

Wird es ihm auch so ergehen, grübelte der Vater, dort, jenseits der Mauer?

Er dachte daran, daß Hase nun schon so lange ausblieb, und er wurde immer betrübter. Alles ist fort, grübelte er mißmutig. Jede Autorität ist verschwunden, hat sich aufgelöst. Seit Hase nicht mehr da ist, der alles regelt und ordnet. Jetzt ist auch schon mein Sohn . . .

Der Gedankengang des Fledermausvaters wurde von einer Stimme von draußen unterbrochen.
»Hier?« fragte die Stimme.
Der Fledermausvater hob den Kopf und spitzte die Ohren, denn es war eine Stimme, die nur Fledermäuse hören können, so hoch, aber auch so lieb und unbekannt.
»Ja«, erklang die Antwort. Und das war die Stimme des Fledermaussohnes.
Sie kamen herein, der Sohn mit seiner Frau, und sie hängten sich neben den Vater an den Hahnenbalken.
»Vater«, sprach der Sohn, »hier ist sie, die Fledermaustochter von jenseits der Mauer.«
»Ach«, sagte der Vater, »ich bin ja so froh . . . willkommen . . . ich meine, bist du es? So spät . . . seid ihr nicht erblindet . . . gefährlich . . . so spät am Morgen . . .«
Er stotterte wie ein junger Bursche.
»Aber nein, mein Herr«, antwortete sie mit heller Stimme. »Wir sind daran gewöhnt, nicht wahr, Flederich?«
»Flederich?« fragte der Vater.
»So nennt sie mich, Vater«, erklärte der Sohn. »Und ich nenne sie Flederinchen.«
»Oh«, sagte der Vater. »Ach so.«
Sie schaute sich um, Fräulein Flederinchen, und sagte: »Geräumig ist es hier.«
»Ja«, sagte der Vater. »Geräumig . . . aber ich dachte, dahinten bei Ihnen, jenseits der . . . Mauer . . .«
»Wir schlafen in der hohlen Weide«, sagte Flederinchen. »Da ist es eng. Gehört dies hier . . . Menschen?«
Sie konnte sich nicht sattsehen, schaute auf die schiefen Bretter, betrachtete das verstaubte Fenster, die geborstenen Dachziegel. »Ich kann sie aber nicht riechen«, sagte sie.
»Nein«, antwortete der Vater. »Menschen sind hier nicht

mehr. Die sind schon seit sieben Jahren nicht mehr hier gewesen. Aber sie haben dies hier gebaut.«
»Seltsam . . .« meinte Flederinchen. »Man fühlt sich hier wohl sicher, jetzt. Aber ich würde doch . . .«
Flederich stieß sie an, sie sollte den Mund halten, aber der Vater hatte schon herausgehört, daß sie etwas sagen wollte, was er nicht hören sollte.
»Was meinen Sie?« fragte er. »Oder soll ich lieber *du* sagen? Was meinst du mit *sicher?*
»Ach«, sagte sie. »Na ja . . .«
»Vater«, begann der Sohn lautstark, »hast du gesehen, wie hell der Veränderliche Stern im Osten war, gerade eben?«
Aber der Vater fragte Flederinchen: »Hast du Angst? Meinst du das?«
Er bekam keine Antwort. Die drei Fledermäuse hingen regungslos nebeneinander. Der Vater hätte Flederinchen eigentlich ganz gern berührt, wie jemanden, der Schutz braucht. Sie war so lieb und jung, er könnte ihre Angst hinwegatmen, dachte er, aber der Sohn sagte: »Müssen wir jetzt darüber reden?«
»Selbstverständlich«, sagte der Vater. »Sag's nur, Flederinchen, du findest es hier gruselig, nicht wahr?«
»Ach«, sagte sie »sehen Sie, da draußen, jenseits der Mauer, da sind keine . . . da leben wir als Fledermäuse frei und unabhängig, . . . sind es nicht gewöhnt . . .«
»Das verstehe ich«, sagte der Vater.
»Wissen Sie, wir sind da eigentlich auf der Suche, ich meine, wir sind mit der ganzen Familie unterwegs zur Steinernen Halle.«
Davon hatte der Fledermausvater noch nie etwas gehört.
»Die Steinerne Halle«, sagte sie, »wo unser ganzes Volk wohnt. Tausende und Abertausende.«

»Und die ist nicht von Menschen gemacht worden?« fragte der Vater.
»Nein, o nein, in einem Felsen«, sagte sie. »Aber ich weiß nicht, was das ist und wo die ist. Wir suchen immer noch.« Sie schaute sich wieder im Schuppen um. »Hier ist es so geräumig«, sagte sie, »aber dort scheint es noch . . .«
»Sohn«, fragte da der Fledermausvater, »Sohn, du willst mit ihr gehen? Du willst auch die Steinerne Halle suchen?«
Der Sohn antwortete nicht, und der Vater begriff, daß das *ja* bedeutete.
»Aber«, fuhr er fort, »du kannst doch nicht . . . wir können doch nicht, ohne Hase . . .«
Da fragte Flederinchen: »Hase? Wer ist denn Hase?«
Der Fledermausvater wendete den Kopf und schaute sie lange und durchdringend an. »Du bist von jenseits der Mauer«, sagte er, »und du weißt nicht, wer Hase ist?«
»Nein«, sagte sie mit klarer Stimme, »ich habe keine Ahnung.«
Jetzt ist alles verloren, dachte der Fledermaussohn, und beinahe verlor er seinen Halt am Hahnenbalken. Er sah, daß auch sein Vater Mühe hatte, sich festzuhalten – als wäre die ganze Welt um den Schuppen und den Garten herum auf den Kopf gestellt worden und drohte nun einzustürzen.
In dem Moment flatterte, erblindet von der Morgenröte, Zorobab zur Tür herein, stieß gegen die Bretterwand, gegen das staubige Fenster, fiel mit Spinnweben an den Flügeln auf den Boden, blieb betäubt liegen, rappelte sich flatternd wieder auf, taumelte durch die Luft, landete auf der weißen Brennessel und blieb da benommen sitzen.
»Mann!« kreischte Sus. Sie schoß auf ihn zu. Sis auch,

denn das sah wirklich schlimm und erbärmlich und mitleiderregend aus. »Mann, was ist passiert? Wo bist du so lange geblieben?«
Es kam keine Antwort.
»Mann!« Sus zerrte an seinen Flügeln. »Zorobab! Werd wach. Du bist in Sicherheit, zu Hause, bei mir, bei uns.«
Da schlug Zorobab langsam die Augen auf, und mit hängenden Fühlern flüsterte er heiser: »Ich habe ihn gesehen. Ich habe ihn gesehen. Den Großen, den Unaussprechlichen. Ich habe Hase gesehen. Er ist schrecklich.«

⌘

Madame Hermine war nach dem Herumwühlen im Bodenschlamm des Teiches so müde nach Hause gekommen, daß sie wie ein schlapper Sack auf den Fußboden ihres Palastes niedergesunken und sofort in tiefen Schlaf gefallen war. Sie schnarchte noch, als die Sonne schon lange aufgegangen war, und sie wurde erst wach, als ihr glattgesabbelter Spiegel das grelle Sonnenlicht auffing und ihr ins Gesicht warf. In ihrem Traum war das Licht noch einen Moment lang das Funkeln des goldenen Ringes auf dem Boden des Teiches, aber dann schlug Madame die Augen auf und das Traumbild wich der Wirklichkeit des Tages.
»Er muß da liegen«, lispelte sie. »Aber jetzt ist es zu spät, gucken zu gehen.« Madame Hermine wagte sich mit ihrer abstoßenden Häßlichkeit nicht gern ans volle Tageslicht, außerdem war ihr klar, daß Eile nicht nötig war. Der dumme Goldfisch konnte mit dem Ring nichts anfangen, und sonst war da niemand, der ihn aus dem Teich holen könnte. Am nächsten Morgen verschlief Madame Hermine sich erneut, aber am dritten Tag nicht mehr.
Bei Tagesanbruch kroch sie aus ihrem Palast und zuckelte

langsam zum Teich. Die Luft war zart rosa getönt, und mittendrin, im Osten, hing ein glitzernder Karfunkel.
»Was für ein Juwel«, murmelte Madame. »Schade, daß das am Himmel hängt. Wer kann denn da dran?« Sie blieb eine Weile sitzen und starrte in die Luft, auf das Schmuckstück. »Zwischen meinen Augen«, lispelte sie, »da würde es mir am besten stehen. Und dann damit zu meiner Schwester. Mal sehen, was die sagt.«
Es wurde heller, wodurch die Venus blasser und als Juwel unansehnlicher wurde, so daß Madame weiterschlurfte, über das verwilderte Ringelblumenbeet, den Kiesweg voller Unkraut, die kleine Wiese bis ans Ufer des Teiches.
Kneis erschrak, als er sie kommen hörte. Es war nicht ihre normale Zeit. Er hatte nicht damit gerechnet, daß Madame Hermine jemals wieder am frühen Morgen ihren abscheulichen Bauch über den Boden schleifen würde, um wieder in *seinem* Teich, *seinem* Wasser . . .
Kneis schoß an der Wasserrose entlang nach unten und tauchte so tief wie möglich in den Schlamm, er wollte sie nicht sehen, nicht diesen ekelhaften Besuch haben, um womöglich gleich . . . Hier wurde sein Gedanke unterbrochen, denn er saß fest. In voller Fahrt war er mit seinem Kopf in irgend etwas hineingeraten, das ihn nun festhielt. Eine eiserne Fessel schien es zu sein. Kneis konnte die Kiefer nicht mehr bewegen und die Kiemen nur noch etwas, er war dem Ersticken nahe und fühlte sich schwindelig. Aber er wurde nicht festgehalten. Ein Schlag mit dem Schwanz, und schon kam er aus dem Schlamm ins freie Wasser. Aber sein Kopf blieb eingeklemmt, der saß in einer Fessel, und in dem Moment, da er Madame Hermine mit vier paddelnden Pfoten auf sich zukommen sah, wußte er, was es war.

»Mein Ring«, rief Madame Hermine, was sich unter Wasser natürlich anhörte wie: »Mung Rung.«
»Hast du ihn gefunden. Wie nett. Gib ihn nur her.«
Aber Kneis wendete sich ab, benommen wie er war, und schwamm zum Stengel der Wasserrose, die schon ein ganz schönes Stück gewachsen war. Der goldene Ring funkelte in seinen roten Schuppen.
»Kneis (Knus)«, rief die Kröte. »Her mit dem Ding (Hur mut dum Dung)!«
Der Fisch bekam es immer mehr mit der Angst zu tun, mit der Schnauze konnte er nicht mehr schnappen und mit den Kiemen nicht pressen. Er versuchte, den Ring am Stengel der Wasserrose abzustreifen, aber der war zu glatt und schleimig.
»Was machst du?« rief Madame. »Warum benimmst du dich so seltsam? Stell dich nicht so an, dummer Fisch.«
Aber mit wild schlagendem Schwanz, rückwärts strampelnd, hörte Kneis nicht mit seinen verzweifelten Bemühungen auf.
»Kannst du nicht höflich antworten?« rief Madame. »Der Spaß dauert mir jetzt aber doch zu lange, verstehst du? Gib den Ring her! (Gub dun Rung hur!)«
Kneis fühlte seine Kräfte schwinden. In seiner Verzweiflung schwamm er auf die Kröte zu, die unter Wasser noch schrecklicher aussah, und versuchte ihr deutlich zu machen, daß er in Nöten war. Aber welche Gebärden kann ein Fisch machen? Mit dem Schwanz schlagen? Mit den Flossen schlagen? Die Augen verdrehen?
Madame Hermine begriff nichts.
Sie dachte, Kneis hörte endlich mit seinen unangebrachten Späßen auf und böte ihr den Ring an. Mit ihren Krötenfingern grabschte sie zu, und die Habgier gab ihr soviel Kraft, daß sie den Ring tatsächlich herunterzerrte.

»Mun Rung! Mun Rung!« jauchzte Madame so laut, daß Blubberblasen an die Wasseroberfläche stiegen. Und da war, am Ufer des Teiches, gerade der andere regelmäßige Besucher des Goldfisches Kneis gelandet – der würdevolle, blaugraue Fischreiher.
Der krümmte seinen Hals zu einem scharfen S, starrte mit harten gelben Augen ins Wasser und schlug zu. Sein schrecklicher Schnabel traf sein Ziel, Kneis sah es geschehen: Wie Madame Hermine strahlend den rechten Arm hob und den goldenen Ring darüber streifte, und wie sie im nächsten Augenblick von dem schrecklichen Schnabel geschnappt wurde und vor seinen Augen verschwand. Kneis war noch zu benommen, um einen Schrei auszustoßen zu können; er tauchte wieder in den Schlamm, wo er sich stundenlang versteckt hielt.
Das hätte ich ihr denn doch nicht gewünscht, murmelte er. Aber Kneis wußte nicht, was sich über dem Wasser abspielte. Der Ring hatte auch da eine unerwartete Wirkung, denn der Schnabel des Fischreihers stieß beim Zubeißen auf Widerstand und kriegte die Kröte nicht richtig zu fassen. Madame mußte ihren Schatz loslassen, um ihr Leben zu retten; sie segelte ein ganzes Ende durch die Luft und fiel in das Unkraut, wo sie nicht einmal unsanft in einer sandigen Kuhle landete.
Von seinen Schwingen getragen verschwand der wütende Fischreiher und spuckte den Ring als ungenießbar aus. Pfui Teufel.
In dem Moment erschien die Sonne wie ein roter Ball am Horizont und schickte einen einzigen Strahl durch die Zweige zum Ameisenhaufen. Ein goldenes Funkeln wurde sichtbar. Denn genau dort war der Ring hingefallen. Auf den Ameisenhaufen.

4
Vom Regen

Ja, die Sonne erschien wie ein roter Ball am Horizont, aber nicht für lange, denn es zogen Wolken auf. Erst dunkelviolette Flocken, dann blaue Wattebäusche, und danach eine dichte Decke, mit der der ganze Himmel zugedeckt wurde. Die Sonne verschwand, als würde sie erstickt, und übrig blieben nur ein griesgraues Licht und ein griesgrauer Himmel, aus dem der Regen zu fallen begann. Erst nur ein bißchen, aber es wurde mehr und mehr, ohne daß sich die Farbe der Luft änderte, denn in den Wolken war Regen genug für einen ganzen Tag. Es hörte nicht auf – in langen Fäden: Regen, Regen, Regen. Es rauschte im ganzen Garten, und die Erde, die Bäume, das Gras, die Sträucher und das junge Grün rochen, wie ein Garten nur bei Regen im Frühjahr riechen kann. Die Gänseblümchen auf der kleinen Wiese blieben geschlossen, und die Tiere blieben drinnen: Die Bienen in ihrem Korb, die Ameisen in ihrem Haufen, mit Ausnahme einiger weniger, die zur Erkundung ausgeschickt wurden ...

»Ein nasser Tag«, meldeten sie bei ihrer Heimkehr, »ein klatschnasser Tag. Nichts los, den ganzen Tag nicht.«

»Dann werden wir uns heute ausschließlich mit den gefangenen Blattläusen beschäftigen«, entschied die Königin der Ameisen. »Einteilen, einquartieren und jeder ihre Sklavennummer geben. Marsch-marsch.«

Und die Königin der Bienen sprach: »Macht eine Zelle fertig für die Geisel, die gestern bei der Schlacht gegen die Ameisen gefangengenommen wurde. Ich möchte sie lebend in Gewahrsam behalten.«

⌘

Und die Nachtfalter Sis und Sus fragten Zorobab immer wieder, ob er absolut *sicher* wäre, daß Hase einen langen spitzen Schnabel und enorm große Flügel hätte. Bis Zorobab ungeduldig »Ja! Ja!« schrie und Sis zu schluchzen begann und sagte er lüge, er lüge wie gedruckt.

⌘

Hoch über ihnen, am Hahnenbalken, dicht unter dem Ziegeldach, auf das der Regen trommelte und überall Ritzen fand, durch die er hereintropfte, fragte Vater Fledermaus Flederinchen immer wieder, ob sie wirklich, wahrhaftig, ganz bestimmt und tatsächlich noch nie etwas von Hase gehört hätte, dem Großen, dem Unaussprechlichen . . .

⌘

Aber die Spatzen, Herr Spatz und Frau Spatz, blieben ganz normal draußen. Sie: Auf dem Nest. Er: Daneben. Die Blätter ihres Baumes hielten zwar eine Menge Regentropfen ab, aber ihre Federn wurden dennoch naß. Um nicht ganz zu durchnässen, schüttelten sie sich öfter mit dem ganzen Körper, und dann flogen die Tropfen von ihrem fetten Gefieder umher. »Heute kommen sie«, sagte Frau Spatz feierlich. »Ich fühle sie unter mir scharren und kratzen. Die Schalen platzen, Mann, und das erste, was unsere Kleinen zu sehen bekommen, das ist der Regen. Der ist schön, fröhlich und fruchtbar, und der Baum duftet wie nie zuvor.«
»Ja«, antwortete Vater Spatz, »ja, das stimmt, aber an so einem Tag wie heute ist es schwierig, Fliegen zu fangen.«

⌘

Kneis wagte es endlich, aus dem Schlamm heraus nach oben zu kommen. Das unablässige Prasseln des Regens auf das Dach seiner Welt machte ihn halbtrunken vor

Aufregung, und so stieg er empor, das Maul weit geöffnet, um zu schnappen, zu schnappen, zu schnappen nach den Blasen, die die herunterfallenden Tropfen machten.

⌘

Aber Madame Hermine, arme Madame Hermine, saß mit klopfendem Herzen, das sich gar nicht beruhigen wollte, unbeweglich in der sandigen Kuhle, in die sie geflüchtet war, und kam nicht heraus, so sehr ihre Krötenseele auch von der frischen Nässe des Regens angelockt wurde.
Und es dauerte lange, bevor Madame Hermine endlich zwei Wörter fand, die sie vor sich hin murmelte: »Um Haaresbreite.«
Sie ächzte mit ihrem schweren Bauch im Sand. »Das war um Haaresbreite ... Blöder Kneis. Läßt sich alle seine Frauen wegschlucken, und mich auch noch. Beinah. Unglaubliches Biest, der Fischreiher!«
Das eigene Gemurmel beruhigte Madame Hermine etwas. Aber sie bewegte sich immer noch nicht. Auch als Regenwasser in die Kuhle zu rinnen begann, blieb die Kröte mit kalt starrenden Augen regungslos sitzen. Juwelen, sie sah schon wieder Juwelen vor sich, funkelnd und glänzend, und den Ring, den Ring, den Ring aus dem Teich. Den vorlorengeglaubten vierten Ring, wiedergefunden und sofort wieder weg. Verschluckt von dem Fischreiher-Monstrum.
»Noch schlimmer, als wenn er bei meiner Schwester läge, der Ring«, grübelte Madame laut; und schließlich kam doch wieder Leben in ihren plumpen Leib. Mit trägen Bewegungen kroch sie aus der Kuhle und machte sich auf den langen Weg nach Hause, um die kleine Wiese herum, denn querdrüber traute sie sich nicht am hellichten Tag. Es war ein beschwerlicher Weg, vorbei an endlosen

Beeten mit Gundelreben, mit Blumen wie lila Mantelfutter, und am Rand saß Baron Phaff, unbeweglich, steif und mit tiefen Falten in seinem alten Krötenkopf.
»Madame«, lispelte er.
»Ach, Baron«, antwortete Hermine kühl.
Sie standen sich gegenüber, totenstill, wie zwei Erdklumpen auf der Erde, denen man erst nach geraumer Zeit ansieht, daß es lebendige Kröten sind.
»Herrlich erfrischend, das Himmelswasser auf der Haut, nicht wahr?« lispelte Baron Phaff.
»Was sagen Sie«, antwortete Madame.
»Ja, da geht man aus«, sprach der Baron.
Madame schwieg.
»Sie auch, wie ich sehe«, sprach der Baron.
Madame schwieg weiterhin.
»Sie ... suchten mich?« fragte der Baron.
»Nein«, antwortete Madame Hermine. »Ich suche niemanden. Guten Tag.« Sie setzte sich wieder in Bewegung, mühsam den Bauch anhebend, aber Baron Phaff richtete sich nun auf seinen gebrechlichen Vorderbeinen auf, räusperte sich und sagte: »Hoho, ich denke, wir sollten uns paaren, werte Madame. Die Zeit ist günstig, und dies ist vielleicht mein letztes Jahr. Jetzt fühle ich mich noch kräftig genug.«
Madame Hermine schaute ihn mit kalten Augen an. »Kommt überhaupt nicht in Frage«, sagte sie. »Sie sind zu alt, und ich möchte keine Kinder haben.«
»Aber gnädige Frau«, rief der Baron, »wir beide, Sie und ich, wir sind die letzten Kröten hier im Garten, da müssen wir doch ...«
»Da sagen Sie etwas, mein Herr!« rief Hermine. »Es fehlte nicht viel, da wären Sie die allerletzte Kröte hier gewesen!«

»Was??«
»Gerade bin ich beinahe verschlungen worden, jawohl! Und was noch schlimmer ist: Mein kostbarer Ring ist dabei verlorengegangen.«
»Ring?«
Madame starrte ihn an, als wäre er taub.
»Aber ... aber ...«, stotterte Baron Phaff, »das ist doch kein Grund, nicht zu heiraten ... ein Ring ... Aus Gold?«
Jetzt war Madames Blick vernichtend. »Aus Gold, ja. Guten Tag.« Schlurfend entfernte sie sich.
»Aber gnädige Frau!« jammerte der Baron. »Gnädige Frau, es müssen doch Nachkommen ... hier im Garten ...«
Aber Hermine schlurfte ungerührt weiter, zurück zu ihrem Palast unter der alten Mauer.
»Frag' meine Schwester«, rief sie noch, ohne sich umzudrehen, »die wird wohl wollen.«
Doch Madame Hermines Schwester wohnte unerreichbar weit draußen vor der Mauer; und schon allein weil sie nicht aus dem Garten war, würde sich Baron Phaff nie mit ihr einlassen wollen. O nein, Baron Phaff jammerte nun nach Hase, der Gerechtigkeit gebracht hätte. Aber das hörte Madame Hermine nicht mehr. Es regnete den ganzen Tag, und gegen Abend war das gesamte Krötenvolk auf den Beinen. Als wäre eine neue Zeit angebrochen.
Kaum saß sie – endlich, endlich und total erschöpft – in ihrer Palasthöhle, da wurde an die hintere Tür geklopft.
»Scher dich weg!« rief sie wütend, denn sie dachte, der aufdringliche Phaff versuche noch einmal sein Glück.
»Madame, bitte ...!«
»Ich hab keine Lust, Braut zu spielen. Hau ab!«

Sieben Krötenmänner kamen an die hintere Tür, die an der Außenseite der Mauer war, sieben Männer, klamm vor Liebe.
»Vor der Tür wird nicht geheiratet!« kreischte Madame Hermine, die immer wütender wurde.
»Aber gnädige Frau«, wagte der fünfte noch zu antworten, »man sagt, Sie hätten dort im Garten so einen überaus herrlichen Teich. Da gehören doch Nachkommen rein!«
»Abhauen!« schrie Hermine wieder. Und dem siebenten Heiratslustigen rief sie zu: »Geh zu meiner Schwester, die wird wohl wollen!«
Doch der siebte antwortete: »Ihre Schwester ist krank, gnädige Frau.«
»Was sagst du? Krank?«
»Ja, gnädige Frau.«
»Märchen. Was hat sie denn?«
»Gestochen worden, gnädige Frau. In die Nase.«
»O ja? Wann denn?«
»Gestern, gnädige Frau. Sie hat Schmerzen und sagte: Geh zu meiner Schwester unter der Mauer.«
»Oh. Das sagte sie?«
»Ja, gnädige Frau.«
»Hm.«
»Können sie uns nicht verstehen, gnädige Frau?«
»Nein, geh zu meiner Schwester und sag ihr, es täte mir leid zu hören, daß sie . . . gestochen, sagten Sie? Von wem?«
»Das ist nicht bekannt, gnädige Frau. Aber man fürchtet, von einem Brummer. Darf ich kurz reinkommen?«
»Nein!«
». . . Wiedersehen, gnädige Frau.«
Madame erwiderte nicht einmal den Gruß. Madame ging

schlafen, auf ihrem Eichenblätterbett, morgen früh würde sie die Kranke besuchen gehen.

⌘

»Siebenhundertachtzig?« rief die Königin der Ameisen. »Das hör ich gern. Ich wünsche sie sofort zu besichtigen.«

»Ja, Majestät. Sicher, Majestät. Selbstverständlich, Majestät«, antwortete der Adjutant, der nun erster Adjutant war.

Denn seit Zdenjek verschwunden war, waren alle Adjutanten um einen Rang aufgestiegen: Der zweite Adjutant war erster, der dritte war zweiter, der vierte war dritter, der fünfte war vierter, und der vormalige Königinnenträger war nun fünfter Adjutant.

»Richtig gezählt?« fragte Majestät.

»J ... ja, bestimmt, Majestät«, antwortete der neue erste Adjutant, der auf seinem neuen Posten immer noch unsicher war, und sich ehrerbietig verbeugend, wollte er rückwärts gehend das Gemach verlassen, aber die Königin sprach: »Erzähl mir von der Jagd.«

Der Adjutant stand schon in der Tür. Seine Kiefer schwollen an und er wurde ein wenig unsicher.

»D ... die Jagd?« fing er stotternd an.

»Na los, Mann, erzähl!«

»Äh ... ja ... Majestät ... eh ... wir stiegen also in geschlossener Formation in den Baum, also den Stamm rauf, und in die Seitenäste, um die Blattläuse, die auf den Blättern saßen, zu fangen, und als wir uns näherten, da erschraken ...«

»Wer *wir?*« fragte die Königin ungeduldig.

»Wir? ... Wir: Die Adjutanten und die Soldaten. Und die Jäger.«

»Soso. Sind alle Adjutanten mitgewesen?« fragte die Königin streng.
»Hm, ja. Ja, Majestät. Oder . . . eigentlich nicht.«
»Was meinst du, Mann?«
»Nein, Majestät.«
»Was *nein?*«
»Nicht alle fünf. Das heißt: Der fünfte nicht. Also der neue fünfte. Also der nicht.«
Die Fühler ihrer Majestät krümmten sich langsam.
»Das kommt . . .«, stotterte der erste Adjutant weiter, »also wir dachten, der Zweite, der Dritte, der Vierte und ich, wir dachten, er sollte lieber zu Hause bleiben, ich meine, sonst wären Sie ganz ohne Schutz . . .«
»Jajajaja, schon gut«, rief die Königin, »erzähl nur weiter, erzähl weiter.«
»Erzählen . . . eh . . . ja, also die Blattläuse. Die saßen da auf ihren Blättern und erschraken. Sie erschraken, als wir uns näherten, und sie versuchten zu fliehen. Aber wir kamen auch von der anderen Seite, also waren sie praktisch umzingelt.«
»Gut«, sagte die Königin.
»Nun, da kapitulierten sie.«
»Aha! Alle siebenhundertachtzig?« fragte die Königin. »Gleichzeitig?«
»Tja . . . Mehr oder weniger ja, Majestät.«
»So«, sprach die Königin. »Hervorragend. Und in guter Verfassung überführt, und in guter Verfassung angekommen?«
»Mehr oder weniger ja, Majestät. Da war irgendwo ein Vogel, aber den haben wir umgangen, ja.«
»Hm«, machte die Königin. »Die Ställe sind voll?«
»Total voll, Majestät. Grün von all den Körpern, und klebrig. Mit dem Melken ist schon begonnen worden.«

»Hervorragend«, sprach die Majestät und gab ihm mit einer abwinkenden Gebärde zu verstehen, daß er gehen könnte.

»Einrücken, marsch-marsch!«

Der erste Adjutant (also der frühere zweite) verließ das königliche Gemach. Er zitterte. Das lag aber auch an der Pracht im königlichen Gemach. So unglaublich schön war der Raum der Ameisenkönigin, so kostbar und teuer eingerichtet, mit weichen Speichelflocken vom Philaenus Spumarius, daß man sich ganz beklommen fühlte und fast kein Wort aus der zugeschnürten Kehle kriegen konnte. So gehörte sich das auch, meinte Majestät. Sie war sehr zufrieden mit dem Bau, auch wenn der Haufen noch nicht ganz fertig war, aber morgen, bei der allgemeinen Inspektion, wenn sie zum letzten Mal in ihrem Leben aus ihrem Gemach kommen würde, morgen . . .

Wieder wurde an die Tür geklopft.

»Majestät«, rief eine schwere Stimme.

»Ja, was ist?«

»Darf ich herein, zum Rapport?«

»Rapport? Was für ein Rapport?«

Einen kurzen Augenblick blieb es still hinter der Tür. Dann: »Über unsere . . . Operation Läusefang.«

»Was?« rief Majestät. Aber gleich darauf mit anderer Stimme: »Ja, natürlich«, fuhr sie fort. »Natürlich, kommen Sie herein.«

Es war der drit . . . nein zweite Adjutant. Er blinzelte, aber er ging stramm und festen Schrittes auf seine Königin zu, blieb drei Schritte vor ihr stehen und sprach: »Den auferlegten Pflichten gemäß komme ich zu Ihnen, Majestät, um Meldung und Bericht zu erstatten über die Taten unserer tapferen Armee gestern und vorgestern im Baum.«

»Die Blattläusejagd?« fragte die Königin.
»Ja, Majestät. Die wir auf Ihren Befehl . . .«
»Ich erinnere mich«, antwortete die Königin.
»Nun denn«, begann der zweite Adjutant, der in strammer Haltung stehen blieb, »unsere Jäger und Soldaten haben Gelegenheit gehabt, ungefähr achthundert Grünläuse zusammenzutreiben, Blatt für Blatt durchgekämmt, wie der militärische Ausdruck lautet, Majestät, und das Durchkämmen verlief schnell und nach Wunsch, ohne großen Widerstand, jedoch . . . leider muß ich Meldung machen von der Tatsache, daß bei der Überführung Verluste erlitten worden sind.«
»Was sagen Sie?« rief die Königin zornig.
»Ja, Majestät. Der brütende Vogel. Bei der Erkundung ist das Nest zwar wahrgenommen und signalisiert, aber nicht als Gefahr erkannt worden, denn der darin sitzende Vogel wurde nicht bemerkt.«
»Unverzeihlich«, sprach Majestät. »Sind die Kundschafter bestraft worden?«
»Zwangsarbeit in den Ställen, Majestät.«
»Fahr fort.«
»Wir zogen zu dicht vorbei. Auf dem Rückweg, in Dreierformation, jeder Jäger mit einem Stück Blattlaus im Haltegriff, zogen wir in zu kurzem Abstand am Nest vorbei. Der brütende Vogel schnappte zu. Und er verrichtete ein Gemetzel unter dem gefangenen Material . . .«, berichtete der Adjutant.
»Große Verluste?« fragte Majestät.
»Nun«, sprach der zweite Adjutant, »wir hatten zum Glück einen guten Überschuß. Nach erforderlichem Ausweichen und Umweg erreichten wir unsere Basis mit genau siebenhunderteinundachtzig Exemplaren Grünläusen.«

»Hm«, machte die Königin. »Einundachtzig, sagen Sie?«
»Jawohl, Majestät. Sieben . . .«
»Nun erzähl mir doch mal, mein guter Adjutant, seid ihr mit allen Adjutanten gleichzeitig auf dieser Expedition gewesen?«
»Ja, Majestät. Allerdings, den auferlegten Pflichten gemäß, ist einer zurückgeblieben, damit wenigstens einer . . .«
»Und wer war das?« fragte die Königin.
»Tja, der frühere Träger, Majestät, also der, den Sie, Majestät, als Nachfolger von Zdenjek befördert haben, der ist im Hügel zurück . . .«
»Hervorragend«, sprach die Königin mit hohem, singendem Tonfall. »Das ist es, was ich wissen wollte. Hm, und der Erste hat sich um eine Laus verzählt, entnehme ich Ihrem Bericht . . .«
Der zweite Adjutant begriff diese Worte seiner Königin überhaupt nicht, aber das kam häufiger vor; er bekam Erlaubnis, sich zurückzuziehen, und das tat er zackig, denn er war ein guter Soldat.
Doch der Erste, überlegte die Königin, der erste Adjutant taugt nichts. Ich hätte die Nachfolge anders regeln müssen. Nutzloser Schwätzer, Schönredner und Bibberhannes. Und Verstand hat er auch nicht. Den hat der Fünfte wohl, und darum . . . aha, natürlich haben sie darum . . .
»Jaaa!« rief Majestät, denn es wurde schon wieder angeklopft, diesmal energisch.
Der dritte Adjutant erschien. Klein, dick, stramm und mit gekrümmten Fühlern. Er marschierte mit Trippel-Trippel-Trippelschritten auf die Königin zu, salutierte und sprach: »Hoheit, Befehl ausgeführt!«
»Das weiß ich«, antwortete die Königin.

»Siebenhundertneunundsiebzig Gefangene«, schnarrte er, als sage er eine Lektion auf.
»Plus einen?« fragte die Königin. »Oder plus zwei?«
»Ja, Majestät, minus zwei. Verluste.«
»Was? Zwei Läuse umgekommen?«
»Zwei Exemplare entkommen. Unaufmerksamkeit der Soldaten. Disziplinarisch bestraft.«
»Soso«, sprach die Königin. »Unser Volk fängt an, mich zu enttäuschen, Adjutant.«
»Strengere Forderungen stellen, Majestät. Das spornt an.«
»Richtig, ja«, antwortete die Königin. »Erzähl mir doch einmal, Adjutant, wie benahm sich der fünfte Adjutant auf dem Feldzug?«
»Hervorra . . . hm, der fünfte? Der Neuernannte?«
»Ja.«
»Hm . . . Gründe der Kriegslist, Majestät, taktische Gründe, haben uns bewogen, diesen Adjutanten den Kampfhandlungen fern, will sagen zu Hause, zu lassen.«
»Ach so!« sagte die Königin. »Zu meinem Schutz, nehme ich an?«
»Ja, sicher, natürlich, selbstverständlich, versteht sich von selbst!«
So eilig hatte er es mit der Antwort, daß er die Worte nur so herunterhaspelte.
Die Königin musterte diesen früheren vierten, nun aber dritten Adjutanten etwas genauer. Seine Grobschlächtigkeit gefiel ihr, aber seine Sprache . . .?
»Erzählen Sie etwas von der Expedition«, bat sie ihn.
Der Adjutant leierte seinen Bericht herunter: Abmarschiert in Dreierreihen, ausgeschwärmt bei strategischen Aufgaben, hinaufgeklettert nach Zeitabsprache, auf Fühlersignal bereit und alles Laub synchron abgelaust. Keine

Verluste. Keine Entkommenen. Totalbeute: Sieben'achtundneunzig.«
»Sooo?« unterbrach ihn die Königin.
»Verluste unterwegs . . .«
»Der Spatz, ja«, fiel ihm die Königin ins Wort.
Der dritte Adjutant blinzelte überrascht. »Sie wissen . . .« begann er, stockte kurz, »Sie wissen also, daß . . .«
»Ihre Königin weiß alles«, sprach Majestät. »Immer.«
»Richtig. Natürlich.« Der Adjutant nahm wieder stramme Haltung an. »Der Spatz. Wir haben taktische Bewegungen ausgeführt und den Rückweg elastisch gestaltet. Frontverkürzung. Verluste zu übersehen.«
»Der Spatz pickte sie weg, stimmt doch?« fragte Majestät. »Vom Nest aus.«
»Die Verluste sind aus der Reserve gutgemacht«, schnarrte der Adjutant.
»Reserven?« fragte Majestät.
»Überschuß an Gefangenen«, ratterte der Adjutant weiter, als wäre er ein Automat. Doch in dem Moment tauchte der vierte (früher fünfte) Adjutant auf, der ebenfalls seinen ganzen Bericht loswerden wollte.
»Ja, gut, ja, gut«, rief die Königin. »Sie kommen wie gerufen. Erzählen Sie mir: Was heißt das, Überschuß an Gefangenen?«
Der vierte Adjutant war ein magerer Spucht; er schaute von der Majestät auf den dritten Adjutanten und wieder auf die Königin, dabei verdrehte er nervös seine Fühler, daß sie sich beinahe verknoteten.
»Ah . . . hm . . . die armen Racker«, begann er. »Es werden stets mehr gefangengenommen als wir eigentlich brauchen, wissen Sie, gnädige Frau Königin, für den Fall, daß . . . nun ja . . . unterwegs etwas passiert. Und dies-

mal ... ist auch ... (er wandte sich an den dritten Adjutanten) ... hast du ihrer Majestät der Königin das schon erzählt, von dem Nest mit dem ...?«

»Schschsch ...« schnaubte der dritte Adjutant, »ich stehe hier doch nicht einfach nur rum. Der vollständige Bericht über unsere Aktivitäten ist erstattet, wenn du das meinst.«

»Tja, dann ...« begann der vierte Adjutant, »... dann ist mein Kommen ja überflüssig und kann ich ...«

»Nein«, sprach die Königin befehlend. »Sie bleiben. Nummer Drei, Sie können gehen.«

Der dritte Adjutant hätte beinahe wieder geblinzelt, aber seine strenge Selbstdisziplin war stärker; er salutierte wieder, machte eine militärische Kehrtwendung und marschierte trippel-trippel-trippel zur Tür hinaus.

»Ich will von Ihnen genauestens über den Läuseraub unterrichtet werden«, sprach die Ameisenkönigin.

»Ach, die armen Racker«, begann der vierte Adjutant, »hocken da eingepfercht im Stall. Viel zu eng.«

Majestät unterbrach ihn: »Vom Unternehmen will ich etwas hören, von der Expedition.«

»Ja, ja, natürlich, die Expedition ... Wir waren so müde, wissen Sie. Schon als wir loszogen, todmüde waren alle noch vom vorherigen Tag, und all die Aufregung der letzten Zeit, und dann plötzlich den Baum rauf, ohne die geringste Geruchsspur am Stamm, tja, wir gingen so'n bißchen in Dreierreihen, wie's gerade hinkam, die Soldaten fluchten, die Jäger fluchten, na ja, oben kriegten wir den süßen Läuseduft in die Nasen, und der machte alle doch wieder munterer. Aber die armen Tierchen, Majestät, ihre Angst und ihren Schreck, als sie uns kommen sahen, ich konnt's kaum mit ansehen, und das ist doch auch *nicht nötig?* So roh und brutal müssen

sie doch nicht gepackt und mitgeschleppt und womöglich auch noch zerquetscht werden?«
Die Königin begann ihre Fühler zu putzen. »Fahren Sie fort«, sagte sie wie beiläufig.
»Ich meine«, sagte der vierte Adjutant, »wir könnten sie auch bewegen, aus freien Stücken mitzukommen. Den Läusen gefällt es nicht schlecht, gemolken oder abgeleckt zu werden, sie könnten freiwillig bei uns sein, jedenfalls in vernünftigen Unterkünften, oder täglich zum Hügel kommen, um uns ihren süßen Saft anzubieten. Sie haben nichts gegen uns Ameisen, es sei denn, wir benehmen uns ihnen gegenüber so herrschsüchtig, unmanierlich und grob.«
Die Königin betrachtete ihre Fühler. »Meinen Sie?« sprach sie.
»Ja«, antwortete der vierte Adjutant, und dann schwieg er, denn am Glanz der Fühler ihrer Majestät konnte er erkennen, daß sein Bericht sie so wenig angegriffen hatte, wie kaltes Wasser einen Klumpen Fett.
»Wir haben die Absicht, die Ställe zu besichtigen«, sprach Majestät. »Wie groß ist die Anzahl momentan?«
»Grüner Läuse dort? Hm, ich glaube so ungefähr siebenhundertacht . . . nein, neun . . . oder waren es achthundertsieben . . . na ja, jedenfalls zuviel«, antwortete er.
»Das hört sich nicht sehr genau an, Herr Adjutant«, sprach die Königin mit eisigem Tonfall. »Sie können nun gehen. Marsch!«
»Ich könnte für Sie noch genauer nachsehen«, begann der Adjutant diensteifrig. »Soll ich eben . . .«
»Marsch!!!« rief die Königin und wies ihm die Tür, als werfe sie ihm etwas ins Gesicht.
»Der vierte Adjutant verschwand.
Mucker und Schacherer, dachte die Königin, was für ein

schreckliches Volk. Und auch noch von mir. Bah! Aber mit der Lamentiererei ist es jetzt aus, und ich ...

Es wurde an die Tür geklopft.

»Wer ist das denn nun wieder?«

»Ich, Königin. Euer neuer Fünfter.«

»O ja?«

»Ja, Königin.«

»Und was willst du?«

»Bericht erstatten, Königin.«

»Bericht?? Worüber?«

»Vom Läusefang, Königin.«

»Vom Läu ... Wovon?«

»Der Feldzug, Königin, in den Baum.«

»Soo! Interessant! Komm nur herein, Nummer Fünf.«

Der Nachfolger Zdenjeks betrat die königlichen Gemächer und sank vor der Allerhöchsten des Volkes auf sechs Knie.

»Soso«, sprach Majestät, »dann erzähle nur.«

»Ein wertloser Haufen, wenns erlaubt ist. Eine unordentliche Bande.«

»Was sagen Sie da?«

»Sie haben keine Ahnung, Königin, keinen Plan, eine Taktik, keine Absprachen, sie ...«

»Die Läuse nicht?«

»*Wir* nicht! Ich meine ...« Der Adjutant schwieg erschrocken.

Als Königinnenträger hatte er nie das Wort an seine Allerhöchste gerichtet; die einzige Verständigung waren königliche Stöße und Tritte, und nun war er über seine eigenen Worte erschrocken.

»Fahr fort«, sagte Majestät. »Was meinst du?«

»Ich meine ...« Der Fünfte erhob sich von seinen sechs Knien und fuhr fort: »Ohne nachzudenken rutscht man den Baum rauf, um hier und da zufällig eine Laus in ihrer Larve zu ertappen.«

»Und?« fragte Majestät.

»Naja, achthundertundsoundsoviel. Aber das ist egal. Läuse leisten Widerstand, also muß man zuvor . . .«

»O ja?« fragte Majestät.

»Natürlich, Königin. Und statt sich ideenlos ins Kriegsgetümmel zu stürzen, sollte man kluge Umzingelungen machen.«

»Meinen Sie?«

»Denn die Laus ist listig, Königin«, fuhr der Fünfte fort. »Sie verschanzt sich hinter Klebe und legt Streifen und Dämme aus Gewebe, und die kleben.«

»So?« sprach Majestät. »Das höre ich zum ersten Mal.«

»Und wenn unsere Soldaten sich erst dadurch lecken müssen, dann kostet das zuviel . . .«

»Was sagst du? Durchlecken? Hast du das mitgemacht?« Der fünfte Adjutant schaute Majestät mit seltsam verdrehtem Kopf an.

»Was meinen Sie . . . eh . . . Königin?« fragte er.

»Was ich gesagt habe: Hast du geleckt?«

»Ich geleckt? Ich war doch nicht dabei, Königin.«

»Hör endlich auf mit dem *Königin.* Sag Majestät, wie sich das gehört.«

»Majestät. Ich durfte nicht mit, Majestät. Ich dächte zuviel nach, sagten sie. Sagten die anderen. Die Adjutanten. Ich wollte zuvor einen Kriegsrat, aber . . .«

»Ach so«, warf die Königin ein. »Und das erzählen Sie mir erst jetzt. Aber Sie wußten von den Läusen, daß sie . . .«

»Das kann sich doch jede Ameise denken, Kö . . . Majestät, mit dem bißchen Verstand, den wir haben«, versicherte der Fünfte.

»Ach ja«, sprach Majestät. »Sie hatten auch an den Spatzen gedacht?«
»Spatzen?«
»Spatzen, ja.«
»Ich . . . ich weiß nicht, was Sie . . . Majestät meinen.«
»Das höre ich.«
Der Adjutant sank nun wieder auf seine Knie und und bekam etwas Speichelleckeriges in den Blick.
»Ich . . . ich wollte Ihnen doch erzählen, daß die anderen, die anderen Adjutanten, weil sie mich nicht ließen . . .«
»Sie können gehen«, sprach die Königin.
»Wer? *Ich?*«
»Marsch!« brüllte die Königin.
Der Adjutant machte sich ganz klein und verschwand. Rückwärts krabbelte er durch die Tür nach draußen, ohne auch nur noch ein Wort zu sagen, nicht einmal »Majestät«.
Das ist der größte Trottel, dachte die Königin. Vier Trottel und ein Großtrottel, das sind meine Adjutanten. Ich werde die Dinge selbst regeln müssen. Sie rief ihre Träger, die elf, die sie noch hatte, und ließ sich mit ihrem plumpen Körper zur Besichtigung in die Ställe tragen.
Die grünen Läuse standen dichtgedrängt, da war kaum Platz für den königlichen Zug, und es roch da so süß, wie es bei einem Bäcker nach Törtchen und bei einem Schweinezüchter nach Mist riecht. Die Läuse jammerten leise: »Miessie, miessie, fiessie, diessie . . .« Sie wollten raus, heraus in die Freiheit des grünen Blattes, sie wollten nicht eingesperrt sitzen in dem dumpfen Raum des Ameisenhaufens um leergemolken zu werden, tagein, tagaus.
»Ruhe!« rief die Königin der Ameisen, ihre Stimme klang beißend wie Gift. »Ihr habt es gut hier. Sicher und

beschützt. Draußen werdet ihr verschlungen. Von Vögeln.«
»Miessie, miessie, miessie«, piepten die Läuse. Ihre Rükken sahen aus wie eine wogende Wiese, aus der sich die Halme recken.
»Ruhe, sagte ich!« rief die Königin, und sie brüllte, als wäre sie ein General. Die elf Träger schwankten unter der Gewalt ihrer Stimme und ihres Gewichtes. »Ihr bekommt hier zu essen, und dafür gebt ihr uns euren Saft. Eure süße Milch gegen Essen und Sicherheit. Wer das nicht will, wird rausgebracht, wo Spatz in seinem Nest bereitsitzt. Mit seinem Schnabel.«
Es entstand Stille.
»Na?« fragte die Königin, wobei sie sich auf den Trägern aufrichtete, als wären es Stuhllehnen. »Na, wer will nicht?«
Keine Laus sagte etwas.
»Sehr ihr«, sprach die Königin, jetzt mit liebevoller und leiser Stimme, »ihr seid brave Läuse, und schöne grüne Läuse, ihr werdet unserem Ameisenvolk eure leckere Milch geben, denn so gehört sich das, und so ist es gut für beide Parteien.«
Sie trat mit dem Fuß zu, das war das Zeichen für die Träger, sie inmitten der Läuse herumzuführen. Und Majestät musterte das grüne Vieh, fühlend, klopfend, tastend und zufrieden über die Qualität.
»Gut«, sagte sie. »Hervorragend. Bringt mich zurück in meine Gemächer.«
Die elf Träger gingen mit ihrer königlichen Last durch die Gänge des Hügels, und alle, denen sie begegneten, drückten sich untertänig an die Wand und grüßten höflich, bis auf zwei Wachen, die wild angestürmt kamen und riefen:

»Einschlag! Einschlag! Ein unbekannter Gegenstand ist eingeschlagen! Nordhang halbe Höhe! Groß und rund!«
Es entstand Geschäftigkeit mit Drängeln und Stoßen, wobei dem königlichen Zug überhaupt nicht mehr Ehrerbietigkeit zuteil wurde, und er überhaupt nicht mehr bemerkt wurde.
Mein Volk ist eifrig und aufmerksam, dachte die Königin, als sie endlich wieder in ihren Gemächern war und sich auf den Boden sinken ließ. Aber ich wünsche zu wissen, welcher Art der Einschlag und was für ein unbekannter Gegenstand es ist.
Ihre Majestät bekam schon bald einen Bericht. Man hatte einen seltsamen Gegenstand gefunden, rund, glänzend, hart und sehr, sehr schwer.
Er war aus der Luft gefallen, aber der Schaden am Haufen war gering.
»Hmhm«, machte die Königin. »Glänzend ist schön. Träger, holt den Gegenstand hierher. Ich wünsche die Seltsamkeit persönlich zu besichtigen.«

⌘

Aber den ganzen Tag fiel ununterbrochen Regen vom Himmel, und weil Ameisen bei Nässe nicht viel ausrichten können, mußten die Träger die Seltsamkeit liegenlassen.

⌘

Auch in den alten Schuppen drang die Nässe ein, der Regen tropfte durch alle Ritzen und Löcher und Spalten herein. Sus und Sis mußten darum ab und zu einen anderen Platz einnehmen. Zorobab brauchte das nicht zu tun. Der lag immer noch benommen auf dem Brennesselblatt und hatte nach seiner Geschichte über den schrecklichen Hasen, den er gesehen hatte, kein Wort mehr gesagt.

»Hör auf! Hör auf!« hatte Sis geschrien. »Das ist das Schlimmste, was du über Hase sagen kannst. Abscheulich!«

»Sei ruhig, bitte«, hatte Sus geantwortet. »Er ist schlimm dran. Total erblindet.«

»Da sagst du was!«

»Erblindet, jawohl! Vom Morgenlicht.«

»Wohl nicht nur dadurch«, hatte Sis schnippisch gerufen.

Der Streit hatte in Schweigen geendet, Rücken an Rücken.

Zwei wütende Nachtfalterschwestern, die sich wegen der eindringenden Nässe ab und zu einen anderen Platz suchten, aber stets böse aufeinander Rücken an Rücken saßen.

Bis ein Tropfen aus den hohen Wolken genau zwischen zwei Dachpfannen hindurch mit seiner vollen, dicken und nassen Kraft Zorobab auf den Kopf fiel. Wie ein harter Schlag mit einem nassen Lappen. Das half.

»Schrecklich!« stöhnte Zorobab und rappelte sich auf. »Schrecklich, wie der aussieht. Der pickt und hackt ins Wasser, mit einem Schnabel, so lang wie ein Baumstamm, und der spaltet sich auf und klappt wieder zu, und dann ist da jemand eingeklemmt. Bah!«

»Nein!« rief Sis. »Nicht wahr!«

»O nein?« schrie Zorobab, plötzlich hellwach und wieder ganz bei Kräften. »O nein? Hast *du* ihn gesehen, oder habe *ich* ihn gesehen?« Mit flatternden Flügeln stieg er vom blaßgrünen Nesselblatt auf und setzte sich zwischen die beiden Schwestern. »Na?«

»Du . . . du warst erblindet. Vom Morgenlicht«, stotterte Sis.

»O ja? Warst du denn dabei?«
»Na, es war doch schon hell und gefährlich, als du hier hereinkamst?«
»Aha, und *darum* habe ich Hase nicht gesehen! Fräulein Sis weiß das alles ganz genau, he? Dumme Pute!«
»Na, na, na«, ging Sus nun dazwischen und wandte sich den beiden zu. »Kein Streit, bitte. Zorobab hat natürlich sehr wohl . . .«
»Oooh!« kreischte Sis. »Ergreife du nur Partei für deinen tollen Mann, aber ja doch!«
»Das meine ich doch über . . .«
»Und glaub du nur alles, was er sagt, dein gefühlvoller Mann. »Auch die gemeinsten Lästereien über meinen Hasen.«
»Jetzt wird's erst richtig schön«, murmelte Zorobab. »*Mein* Hase . . .«
»Ja!« schrie Sis außer sich, ihre Flügel zitterten, »und *du* ziehst ihn durch den Dreck, indem du Lügen erzählst und sagst, er hätte einen langen . . . einen langen . . .« Sie fing an zu schluchzen, so daß ihre Worte nicht mehr zu verstehen waren.
»Er steckte ihn in den Schlamm«, sagte Zorobab stichelnd. »In den Teich. Ich habe das ganz genau gesehen, so schrecklich hell war es noch nicht.«
»Gib's dran, gib's dran«, beschwichtigte Sus, und zu Sis sagte sie: »Vielleicht hat Zorobab einen anderen . . . oder etwas anderes gesehen . . .«
Aber Sis war nicht mehr zu bremsen. Schluchzend rief sie: »Nein, es gibt keinen anderen . . .«
Da sagte Sus, sehr nüchtern und sehr realistisch: »Gut, wenn es wirklich Hase war, dann kommt er morgen früh wohl wieder. Er hat bestimmt seine Gewohnheiten geändert. Statt abends kommt er nun morgens. Da ist mir

auch sofort klar, warum wir ihn nie mehr gesehen haben. Na?«

Sie bekam keine Antwort.

»Ich schlage vor«, fuhr Sus fort, »ich schlage vor, daß wir morgen früh zu dritt gucken gehen, und zwar am Teich.«

»Und dann womöglich blind werden.«

»Sis, bitte, stell dich nicht so an. Wir finden schon einen Platz, wo es schön dunkel bleibt. Unter einem Blatt oder so . . .«

Zorobab brauchte das abscheuliche Monster nicht noch einmal zu sehen, aber er würde mitgehen und helfen, einen guten Platz zu finden.

»Einen Platz«, flüsterte Sus nun ihrer Schwester Sis ins Ohr, »einen Platz, wo schöne zarte Blätter sind – um darauf Eier zu legen, verstehst du? Von wo aus die Raupenkinder Hase sehen können, sobald sie ausgeschlüpft sind. Und dann bist du ihre Tante . . .«

Sis gab klein bei.

Aber der Fledermausvater, hoch oben am Hahnenbalken über den Nachfaltern, blieb nach dem Gequatsche und Hickhack in trüber Stimmung.

»Hase«, sagte er endlich zu Flederinchen, »Hase ist dieses Frühjahr nicht wiedergekommen. Und seitdem ist nichts geblieben, wie es war. Aber wir hoffen weiter, hoffen beharrlich weiter, und eigentlich wissen wir bestimmt, daß Hase zurückkommen wird. Nicht wahr, mein Sohn?«

»Ja, Vater.«

»O ja?« fragte Flederinchen mit heller Stimme.

»Ja, Kind, natürlich«, sprach der Fledermausvater.

»Denn ohne Hase ist doch alles sinnlos.«

»O ja?« fragte sie noch einmal.

Vater Fledermaus war schockiert. Aber Flederinchens

Unwissenheit war auch rührend, und aus seinem weichen Herzen kamen die Worte: »Liebes Kind, es ist das tägliche Erscheinen von Hase, das allem Leben im Garten Regeln gibt. Sein Kommen zur rechten Zeit sorgt dafür, daß sich ein jeder in seinem Tun und Lassen an die rechte Zeit hält. Sein Hoppeln und Knabbern sorgt dafür, daß ein jeder nach eigener Art sich bewegt und ißt. Hase ist der Mittelpunkt, der ohne je zu sprechen alles sagt. Und er kommt von jenseits der Mauer . . .«

»Aber wie sieht er denn aus?« fragte Flederinchen.

»Ach«, antwortete der Vater, »er hat Ohren, die größer und höher sind als er selbst. Und damit hört er alles, was auf der Welt geschieht. Das Gute und das Schlechte hört er durcheinander, aber er weiß . . .«

»Ja, Vater«, sagte der Sohn.

Doch Flederinchen sagte: »Dann weiß er auch, daß wir auf der Suche sind. Dann weiß er auch etwas von der Steinernen Halle . . . Vielleicht . . . vielleicht ist er . . . ist Hase dann dorthin gegangen . . .?« Sie drückte sich vorsichtig aus, um den Fledermausvater nicht zu beleidigen oder frech zu wirken. Sie wußte nicht, was er antworten würde, und auch der Sohn hielt sich still auf seinem Platz am Hahnenbalken.

Aber unten fing gerade der Nachtfalter Sis an, sich zu bewegen, nervös mit den Flügeln zu zittern. »Hase sehen können«, rief sie. »Ich will es, ich will es. Jetzt, im Regen. Denn auch wenn es regnete, kam er.« Sie flog auf und flatterte los und prallte gegen das Fenster.

»Hier!« rief Sus. »Bleib hier, Sis!«

Aber Zorobab sagte: »Laß sie doch. Die ist total verrückt geworden.«

Mit wild schlagenden Flügeln flog sie am Fenster rauf und runter. Sie kam in ein Spinnengewebe, klebrige

Fäden hingen an ihrem Schwanz, aber sie schien es nicht zu merken.
»Sie macht zuviel Krach«, sagte Sus.
»Muß sie selber wissen«, sagte Zorobab.
»Ich muß mit ihr leben«, sagte Sus.
»Dann flieg doch mit ihr mit«, sagte Zorobab. »Immer schön gegen das Fenster.« Er wußte genau, daß sie das nicht tun würde, aus Angst vor den Fledermäusen da oben. Die taten tagsüber zwar nichts, aber ganz sicher konnte man nie sein. Und so lärmend, wie Sis da rumflatterte, das mußte doch ihre Aufmerksamkeit erregen.
»Sie wird erblinden«, sagte Sus besorgt.
»Das ist sie schon lange«, sagte Zorobab.
»Ach du«, sagte Sus, »du hast kein Gefühl.«
»Nein«, sagte Zorobab. »Zum Glück nicht. Das ist auch zu nichts nutze.«
Sus wendete sich von ihm ab. »Sis!« rief sie noch einmal zum Fenster.
»Schrei nicht so«, zischte Zorobab und zerrte unwirsch an einem ihrer Flügel. »Gerade konntest du doch noch so gut flüstern! Übers Eierlegen?«
Sus machte sich los. »Damit hast du nichts zu tun.«
»O nein?«
»Nein!«
»So! Bin ich etwa nicht der Vater der Eier?«
Sus schwieg. Sie senkte den Kopf. Sie flüsterte: »Doch, ja.« Dann hob sie wieder den Kopf, die Fühler gerade aufgerichtet, und sagte mit spitzer Zunge: »Aber wo ich sie lege, damit hast du nichts zu tun.«
»O nein?«
»Nein! Legen ist Sache der Frau!«
»Hah!«
»Tu *du* es denn doch mal! Hah? Tu es doch mal selbst?«

Jetzt schwieg Zorobab. Unter dem scharfen, stechenden Blick von Sus mußte er den Kopf senken.
Draußen begann es dunkel zu werden. Zitternd vor Erschöpfung saß Sis auf dem Fensterrahmen, immer noch blind und trunken. Der Regen fiel und fiel, auch im Dunkeln. Der Fledermausvater gab endlich Antwort.
»Nein«, sagte er. »Nein, Hase sucht nicht. Wer alles weiß, braucht nie zu suchen. Wir selbst, wir sind die Suchenden, mit unseren kleinen Ohren, wir müssen uns tastend fortbewegen, aber Hase . . .«
Er seufzte aus tiefer Brust und fuhr fort: »Es verdrießt mich, mehr kann ich nicht sagen, daß da ein so großer Unterschied ist zwischen . . . daß da ein so großer Abstand ist zwischen . . . ach, liebes Kind (er wandte sich an Flederinchen, die neben ihm am Hahnenbalken hing), ach, liebes Kind, du bist so lieb und so zart, so unschuldig und ehrlich, du hast so ehrliche und klare Augen . . .«
»Vater!« warnte der Fledermaussohn so ehrerbietig wie möglich.
». . . so ehrliche und vor allem klare Augen«, fuhr der Fledermausvater fort, »in denen ich keinen Funken Schlechtigkeit entdecken kann, und um dann doch aus deinem guten Mund solche Worte des Unglaubens, der Unwissenheit zu hören . . .«
»Vater!« begann der Fledermaussohn wieder, »Vater, es könnte doch auch sein, daß unser . . . daß wir . . . daß Hase . . .« Er schwieg, er hatte sich in die Wörter verhaspelt, die er nicht auszusprechen wagte.
Aber Flederinchen sagte mit heller Stimme: »Sie sind ein lieber Vater eines lieben Sohnes. Ich möchte Hase ja gern kennenlernen und alles glauben, was Sie von ihm erzählen. Aber wo ist er denn, oder wann kommt er?«

Der Vater schwieg, verstrickt in die Wörter, die Flederinchen auszusprechen gewagt hatte.
Da sagte der Fledermaussohn: »Vater, laß uns gehen. Wir können doch? Wir haben doch Flügel? Laßt uns über die Mauer gehen, um mit dem Volk von Flederinchen die Steinerne Halle zu suchen, in die nie Licht oder Helligkeit eindringt.«
Doch der Vater schüttelte den Kopf. »Nein«, sprach er. »Nicht über die Mauer. Das schickt sich nicht, das gehört sich nicht, das ist außerhalb der ...« Er konnte das Wort nicht finden. Und dann, schwer atmend, sagte er etwas anderes: »Du, mein Sohn, du und deine liebste Flederinchen, ihr dürft gehen ...«
»Aber ...«
»Hör zu, Junge, folge deinem Herzen und geh mit ihr, denn so ist das im Leben. Dein Leben gehört nun nicht mehr zu meinem. Dafür habe ich dich großgezogen: Daß du mich einmal nicht mehr brauchst.«
»Aber Vater, du kannst doch ...«
»Nein, mein Sohn, ich kann nicht. Doch du kannst. Und du mußt.«
Da sagte Flederinchen: »Vielleicht ... wenn wir Hase unterwegs oder dahinten treffen sollten, können wir zurückkommen, um Sie zu ...«
»Das ist lieb von dir«, antwortete der Fledermausvater. Aber sie hörte seiner Stimme an, daß er nicht daran glaubte.
Sie sagten Lebewohl, und dann flogen Flederinchen und Flederich durch die halb geöffnete Tür aus dem alten Schuppen in den nassen, dunklen Garten und über die Mauer in das Land, in das der Fledermaussohn seiner Liebsten erregt folgte.
Der Fledermausvater blieb die ganze Nacht still am Hah-

nenbalken hängen, dicht unter den Dachpfannen, auf die der Regen unaufhörlich fiel, und sein Herz war ihm schwer.

Auch die Nachtfalter blieben drinnen. Aber nicht die ganze Nacht, denn noch bevor der Morgen anbrach hörte der Regen auf und Sus stieß Sis an.

»Komm mit«, flüsterte sie. »Gerade noch Zeit zum Eierlegen. Hilf mir, einen trocknen Platz unter einem Blatt zu finden.«

Nun flogen auch sie durch die halb geöffnete Tür hinaus in den dunklen Garten, hin zum Teich, von wo aus sie auch Ausschau nach Hase halten konnten.

Sie merkten nicht, daß Zorobab ihnen mit einigem Abstand folgte. Heimlich, denn er war neugierig, hatte aber höllische Angst vor dem abscheulichen Monster, das er in der vorigen Nacht beim Teich gesehen hatte.

Zorobab landete auf dem flusigen Kopf einer verblühten Pusteblume, in dem er halb versank und wo er sich sicher fühlte. Sis und Sus verschwanden im dichten Bewuchs links vom Teich, dicht am Ufer.

⌘

Die Königin der Bienen war wütend, sehr wütend. Denn Untreue konnte sie nicht vertragen. Und Ungehorsamkeit auch nicht. Sie hatte gesagt, ihr ganzes Leben lang, daß selbstverständlich Bienen verlorengingen, daß die tägliche Arbeit Gefahren mit sich brächte, daß tapfere Arbeiter manchmal nicht zurückkehrten von ihren Honigflügen, aber *dies* . . .

Sie meinte die junge Kesse, die von ihrem Volk und ihrer zukünftigen Aufgabe davongeflogen war. Einfach fortgeflogen, am frühen Morgen, und auch noch mit neun Drohnen. Heimlich hatten sie den Korb verlassen und waren über die Mauer verschwunden. Über die *Mauer!* Derartige Untreue konnte ihre Majestät nicht vertragen. Auch nicht, als die alte Cleo, die die Gruppe hatte wegfliegen sehen und Meldung gemacht hatte, vorsichtig zu bedenken gab, es könnte ja vielleicht auch nur Neugierde oder Abenteuerlust sein.

»Noch schlimmer, noch schlimmer!« rief die Königin der Bienen mit ihrer tiefen Stimme. »Neugierde, Abenteuerlust, das sind keine Tugenden für Bienen. Daran geht ein Volk zugrunde, an derartigen Initiativen. Und warum? Weil kein Hase mehr da ist, der Gehorsam einflößt. Das kommt davon!«

Die alte Cleo sah ihre erzürnte Königin an. »Vielleicht«, begann sie zaghaft, »vielleicht, Majestät, sind sie ja losgeflogen, um Hase . . . zu suchen?«

»Unfug, Blödsinn, Quatsch!« rief Majestät brummend. »Wie kommst du darauf, Cleo? Hase jenseits der Mauer suchen? Ja, ich habe mehr darüber gehört, in letzter Zeit, aber das führt zu Unheil und Verderb, solche Ideen. Jenseits der Mauer, da kommt man um. In eigener Verzweiflung, Machtlosigkeit und Schande. Man versinkt und ertrinkt im eigenen Ich, da drüben. Denn eine Biene, Frau Cleo, eine Biene hat kein eigenes Ich. Wie oft habe ich das schon . . .«

Ja, wie oft schon, dachte Cleo. Es stimmt ja auch, dachte Cleo, oder . . . Aber weiter als bis zu dem Wörtchen *oder* kam sie mit ihren Gedanken nicht, denn die Stimme ihrer Majestät donnerte weiter: ». . . nicht mehr hören wollen, was ich sage. Zucht und Aufgabe werden vernachlässigt, man fliegt einfach hin und her, ohne etwas zu finden, und ich sage Ihnen, Cleo, es war Hase, der mit seinem allabendlichen Erscheinen Ehrfurcht und Autorität forderte, wodurch mein Volk . . .«

Sie schwieg einen Augenblick, und Cleo versuchte, die Fortsetzung des Satzes im voraus zu erraten, aber Majestät fuhr fort: »Der Ameisenhaufen! Das abscheuliche Gebäude dort auf *seinem* Platz, weswegen er nicht mehr kommt, das ist die Schuld von . . .«

Wieder schwieg Majestät, und Cleo fragte sich, ob sie vorsichtig zu bedenken geben sollte, daß Hase schon vor dem Bau des Hügels nicht mehr gekommen war, aber jetzt rief Majestät: »Der Gefangene! Wo ist die Ameise, die wir als Geisel haben? Führt sie vor. Ich wünsche sie zu vernehmen. Jetzt sofort.«

»Ich werde sie Euch holen«, sagte Cleo und machte sich schnell auf den Weg.

Die Ameise, Adjutant Zdenjek, war in die dunkelste unterste Zelle der Wabe am Boden des Korbes gesperrt worden. Das war ein enger sechseckiger Raum mit Wänden aus glattem Wachs und mit einer harten Tür. Die wurde dauernd auf- und zugemacht, und jedesmal bekam Zdenjek ein Häppchen zugesteckt. Wie oft am Tage, konnte er nicht einmal zählen, und so unglaublich lecker waren die Häppchen, so süß, so süß, daß Zdenjek den ganzen Tag verträumt liegenblieb und sich langsam in einen trägen und müden Fettsack veränderte.

Als er aus der Zelle gezogen wurde, konnte er kaum noch auf den Beinen stehen, und während zwei Bewacher ihn mit starken Armen mit sich zerrten, quengelte er immerzu: »Häppchen, Häppchen, Häppchen.«

»Was ist denn mit ihm gemacht worden?« fragte Cleo.

Die Bewacher blieben stehen. »Futter«, sagten sie. »Falsches Futter hat er bekommen. Genauer gesagt: Königinnenfutter. Aus Versehen.«

»Was??«

»Die Zelle von Kesse. Da saß er drin. Und die Dienerinnen machen weiter, das wissen Sie ja. Egal, wer oder was in der Zelle sitzt.«

»Häppchen, Häppchen«, stöhnte der vollgefressene Ameisen-Gefangene, aber Cleo achtete nicht darauf, denn die eben gehörte Geschichte hatte eine besondere Bedeutung.

Sie bedeutete nämlich, daß Kesse extra herangefüttert worden war, um Königin zu werden. Sie war also nicht ohne Grund fortgeflogen, sondern um zurückzukehren als neue . . .

»Dann werden wir wohl schwärmen«, murmelte sie. »Also doch.«

Mehr sagte sie nicht. Zu dritt brachten sie den gefangenen Zdenjek zur Königin.

Majestät hatte sich inzwischen mit Dienerinnen umgeben, die ihr leckend und putzend Toilette machten, aber als die Tür aufging, wurden sie zur Seite geschoben und die Königin rief: »Schuld! Eure Schuld!« Sie deutete genau auf Zdenjeks Herz. »Schuld der Ameisen, der Eindringlinge, der heimtückischen Kriecher, der Wühler, der verräterischen Schleicher, Ameisen! Ihr habt ihn vertrieben, habt euren Haufen auf *seinem heiligen Platz* gebaut, wie konntet ihr es wagen, wie . . .« Majestät drohte vor Wut zu platzen, die Umstehenden sahen einander verstohlen kopfschüttelnd an.

Doch Zdenjek, honigtrunken, machte mit dem Arm eine winkende Abwehrbewegung und sagte der Königin der Bienen ins Gesicht: »Alte Schachtel!«

Es entstand eine tödliche Stille voller drohend ausgefahrener tödlicher Stachel.

Aber Zdenjek fuhr mit lallender Stimme fort: »Und eine alte Schachtel muß verschwinden. Hört ihr das? Da ist schon eine Neue in der Mache. Die ist da unten aufgebaut

worden. Eine neue Königin. Und Sie (er deutete jetzt mit Nachdruck auf die Königin), Sie fliegen raus!«
Jetzt schienen alle erstarrt zu sein. Sie waren nicht nur still, sondern auch bewegungslos; und in diesem kurzen Augenblick sahen alle, wie verschrumpelt, ausgetrocknet, fahl, matt und häßlich, wie uralt die Königin der Bienen geworden war. Zdenjek, honigtrunken, hatte die furchtbare Wahrheit gesagt.
Wie in einem Bienenvolk üblich, entstand große Verwirrung. Ein Teil wollte gern eine neue junge Königin haben, andere wollten der alten treu bleiben.
»Schwärmen!« rief Cleo. »Laß die Neue nur kommen, Majestät, wir schwärmen mit Ihnen, irgendwoanders hin!« Zustimmendes Gesumme war zu hören.
Die Königin hatte sich erhoben, mühsam und gebrechlich, die herbeigeeilten Dienerinnen hatte sie zur Seite geschoben, und sie sprach: »Es wird nicht ausgeschwärmt. Meine Zeit ist gekommen. Ich gehe. Und ich gehe allein.«
»Aber Maj . . .«
»Schweig! Und bleibe!«
Mehr sagte sie nicht, die alte Königin der Bienen.
Und sie ging.
Zdenjek, auf den in dem Durcheinander niemand mehr achtete, ging ebenfalls. Er ging zurück zu seinen leckeren Häppchen, nach unten, jedoch alle Bienen waren nun nach oben unterwegs, denn dort saß die neue Königin, hatten sie gehört, plötzlich und unbemerkt war sie mit ihrem Gefolge zurückgekommen. Gegen diesen Strom voranzukommen gab es nur eine Möglichkeit: Hinter der alten Schachtel bleiben, der einzigen, die nach unten kroch und vor der das Volk noch ehrfurchtsvoll zur Seite wich.

Betrunken wie er war, folgte Zdenjek der alten Königin, und statt der Häppchen fand er den Ausgang. Da standen Wachen mit surrenden Flügeln und drohenden Stacheln, aber die achteten auf Eindringlinge von außen, nicht auf Herauskommende.
Zdenjek blieb dicht hinter der alten Königin. Die frische Luft machte ihn nüchtern, und trotz seines honigschweren Körpers gewann sein Verlangen nach Freiheit die Oberhand. Seine Soldatenbrust wölbte sich, seine Adjutantennatur erwachte, und taktische Gedanken kamen wieder in ihm auf.
Die alte Königin war stehengeblieben und bewegte behutsam ihre zerbrechlichen Flügel, wie steife Glieder, die jahrelang nicht bewegt worden sind und deren Muskeln ihre Kraft verloren haben.
Aber nach einigen ungelenken Bemühungen ging es zzz!, und einmal in summender Bewegung, weckten die funktionierenden Flügel auch wieder die alte Lust am Fliegen.
»Wohlan«, sprach die alte Königin der Bienen mit feierlichem Tonfall, »alt und einsam gehe ich.« Langsam und etwas steif, jedoch würdevoll erhob sie sich zu ihrem allerletzten Flug.
Die Wachen, die das Summen ihrer Königin aus Tausenden heraushören konnten und die nicht in der Lage waren, an etwas anderes zu denken oder etwas anderes zu tun, nahmen verblüfft Haltung an.
Das galt nicht für Zdenjek. Der hatte seinen Plan schon bei den ersten Flügelbewegungen der Königin gemacht und sich genau im richtigen Moment an sie geklammert, und zwar als sie aufstieg. Nun flog er wie ein Reiter auf ihrem Rücken mit hinaus.
Wer in Kriegsgefangenschaft geraten ist, muß, solange er nicht totgestochen ist, mit allen Mitteln zu fliehen versu-

chen. Das hatte er im militärischen Unterricht gelernt. »Sogar auf dem Rücken einer Königin«, fügte er nun murmelnd hinzu.
Aber weit kam Zdenjek nicht, denn die Königin der Bienen, die vergeblich versuchte, die Ameise abzuschütteln, verlor an Höhe und stürzte jämmerlich ab. Mit zerschlissenen Flügeln, die noch zitterten, mit wild rudernden Beinen und gekrümmtem Unterkörper, mit dem sie alle Kinder ihres Volkes zur Welt gebracht hatte, lag sie sterbend auf dem Rücken im Gras.
Zdenjek blieb einen Augenblick benommen liegen, dann hörte er sie murmeln und rufen: »Ameise!«
Er kroch zu ihr.
»Ameise«, flüsterte die Königin, »Ameise, bevor du mich tötest, hör mich an.«
Zdenjek legte sein Ohr an ihren Mund.
»Ihr müßt weg. Euer Haufen muß weg. Keine Ameise auf der kleinen Wiese, der Platz gehört Hase, der Ordnung in den Garten bringt. Hase, der kommen wird mit Macht und Autorität. Hase der Gewaltige. Verschwinde also mit deinem Volk. Geh dort weg, weg, w . . .«
Mit dem letzten W starb die Königin der Bienen.
Hase, dachte Zdenjek, wer oder was ist Hase? Aber er konnte nicht lange darüber nachdenken, denn er wurde bejubelt und betastet und angeschrien von zehn, zwölf, siebzehn Kameraden seines eigenen Ameisenvolkes, die angerannt kamen.
»Zdenjek«, riefen sie, Freudenduft ausstoßend, »Zdenjek, du lebst noch! Und du hast Beute, seltene Beute, eine dicke fette Biene hast du, eine tote Königin sogar. Männer, anpacken! Das gibt ein Fest, heute abend!«
Denn so ist das bei den Ameisen.

5
Vom Hochzeitsflug

Das Volk der Bienen feierte die neue Königin. Der ganze Korb summte für Kesse, die ungehorsame Kesse, die über die Mauer geflogen war, mit neun Drohnen hinter sich her, und nun als gekrönte Majestät zurückgekehrt war.
Ob sie Hase gesehen hätte? wurde vorsichtig gefragt.
Nein, sie hatte Hase nicht gesehen.
Auch keine Spur und kein Zeichen?
Nein, auch keine Spur und kein Zeichen. Der Ausflug ihrer Majestät blieb ein geheimnisvolles Abenteuer voller Mysterien, über das sie nur vor sich hinlächelte, aber nichts darüber erzählte. Denn niemand vom ganzen Volk durfte über die Mauer, nicht einmal in Gedanken.
Doch die Drohnen mit den großen Augen, die soviel gesehen hatten, das Wunderlichste vom Wunderlichen, die konnten doch nicht alle auf immer schweigen. Große Abenteuer sind wie angehaltener Atem, irgendwann muß es heraus und erzählt werden. Und das taten die Drohnen auch, eine nach der anderen, flüsternd im Dunkel des Korbes oder draußen unter dem Blumentopf.
Neunmal die Geschichte vom Jenseits der Mauer.
Aber die Königin wußte nichts davon.
Erk und Merk waren die ersten, die etwas fallen ließen. Immer zusammen, die beiden, auch dort in der Ferne. »Ein Teich«, erzählten sie, »so groß wie man ihn sich gar nicht vorstellen kann. Und nicht glatt, das Wasser macht Buckel, und manchmal reckt sich ein krummer Arm heraus, um einen zu fangen. Erk flog zu dicht darüber, aber ich warnte ihn gerade noch rechtzeitig. Stimmt doch, Erk, oder? Aber da gibt es auch Bäume und Pflanzen und Blumen, genau wie hier. Man kann so weit fliegen wie man will, da hört nichts auf.«
»Na ja«, sagte Erk, »da liegt ein nebliger Wall drumrum,

weit weg, aber immerhin. Da kommt man nicht durch, darin versinkt man, und man löst sich auf, mitsamt seinen Flügeln und allem. Da ist es zu Ende.«

»Nein«, sagte Merk, »zum nebligen Wall, da kann man nie hinkommen. Das ist es ja gerade. Der fliegt mit einem mit. Immer rundrum.«

»Wie geht das denn?«

»Das weiß ich nicht, aber es ist so. Selbst gesehen. Die anderen auch.«

»Ich nicht«, sagte Erk.

»Du bist ja auch dicht über der Erde geblieben«, sagte Merk.

»Über dem Wasser«, sagte Erk. »Soviel Wasser, die ganze Welt schien nur Wasser zu sein, wenn man dicht heran kam. Wasser ist das Schönste, was es gibt.«

»Tja, der Erk!«

»Und dann?«

»Nichts dann. Alle anderen waren weg. Hoch. Aber wir hatten den Geruch verloren, also irrten wir so herum. Ein Maulbeerbaum war da auch.«

»Und Gefahr? War es da gefährlich?«

»Und ob!« sagte Erk. »Bremsen und Hornissen. Die lauern und jagen und stechen einen tot.«

»Viele?«

»Zwei«, sagte Erk. »Aber der Maulbeerbaum war schön.«

Merk sagte: »Da saßen zwei, zwei dreckige Hornissen. Hätte ich Erk nicht . . .«

»Ja, nun hör doch endlich auf«, sagte Erk.

»Aber schön war es da?«

»Oh, schön, schön, die Sonne güldener, der Himmel blauer, das Wasser lebhafter, die Blumen bunter und der Wind viel wehender als hier.«

»Aber ihr solltest nicht hingehen«, sagte Merk, »denn auch die gelbe Kohlmeise habe ich dort gesehen. Und jenseits der Mauer kann man sich nicht verstecken, wie hier. Also seht euch vor«

Auch in der Erzählung von Tziet kam die gelbe Kohlmeise vor. »Der Bienenfresser? Ja, von denen habe ich ein paar herumfliegen sehen, ja. Aber wenn sie mich fangen wollen, müssen sie wohl erst richtig fliegen lernen. Ich meine, eine Kurve zu ziehen, dafür brauchen die ewig, da bin ich doch schon zehnmal weg. Hornissen? Nicht gesehen, nein. Auch nicht drauf geachtet, wir waren ja hinter ihr her, und die Kesse kann fliegen, das haltet ihr nicht für möglich! Hoch! Und wenn ich hoch sage, dann denkt ihr vielleicht hier an den Garten, sagen wir mal den Gipfel der Tanne (wo ihr übrigens nichts zu suchen habt), aber das ist ein Witz, das ist nichts, der Gipfel, verglichen mit der Höhe da draußen jenseits der Mauer. Und nichts mehr um einen herum, nur der blaue Samtglanz.«

»Wall?«

»Was für ein Wall?«

»Dunstwall.«

»Dunstwall? Ich weiß nichts von einem Dunstwall. Ich rede von der Luft, hier hoch drüber, der Luft ohne sonst etwas, überhaupt nichts, nichts, nichts um einen herum. Und *sie* flog, höher und noch höher.«

»Ist denn da überhaupt keine Mauer mehr, da draußen jenseits der Mauer?«

»Nein, absolut nicht. – Aber wir *mußten* sie kriegen, die Kesse, wir wußten da noch nicht, daß sie vorbestimmt war, Königin zu werden, daß wir sie zur Königin machen sollten, muß ich wohl richtiger sagen; wir flogen hinter ihr her, weil sie, na ja, weil wir's mußten, oder wollten.

Sie verbreitete den Duft, wißt ihr, und dann kann man nicht anders.
»Drohnen nicht«, sagte jemand.
»Ja, Drohnen!« überschrie Tziet ihn, daß es unter dem Blumentopf nur so hallte. »So ist das. Und Sbero war der Erste. Ist mir gerade zuvorgekommen. Aber als er wieder wegflog, war ich dran, sofort. Und da begriff ich eigentlich erst richtig, worum es ging. Nicht darum, Kesse zurückzuholen, die wäre auch von allein wiedergekommen, sondern um sie zur Königin zu machen. Das ist Drohnensache. Davon versteht ihr braven Seelen ja doch nichts. Na ja, darum ging es also. Also sprang ich ihr auf den Rücken. Und wie! Wir sind ungefähr die halbe Höhe, die wir hatten, nach unten gesaust, möchte ich wetten, denn wir vergaßen zu fliegen, aber um uns herum blieb es blau und herrlich.«
»Drohnen!«
Aber Tziet ging nicht darauf ein, er war noch überwältigt von seinen Erinnerungen. »Tja, und dann ließ ich sie los, und dann war Mirn dran, glaube ich, oder Daams, ich weiß nicht genau. Hab nicht mehr drauf geachtet.«
»Und Wasser, Tziet, hast du Wasser gesehen?«
»Ich nicht. Wasser? Vielleicht doch. Nicht drauf geachtet.«
Er flog plötzlich fort, durch das Loch im Blumentopf hinaus, ohne den dunklen Summton seiner gewaltigen Flügel zu dämpfen. Tziet war ein gewaltiger Flieger, und das sollten alle gut hören können.
Mirn erzählte nachts, in einer Ecke: »Ach nein, ach nein, so hoch, von mir aus nicht. Den Duft hatte ich noch in der Nase, aber ich dachte mir, die kommt auch wieder zurück nach unten, und in der Zwischenzeit kann ich mir hier alles angucken. Und abtasten. Und was nicht alles,

da jenseits der Mauer. Da liegt ein Misthaufen, dicht dahinter, der ist bewohnt von Monstern, wie ihr sie euch im Traum nicht ausmalen könnt. Da krabbelt der Weberknecht rum, die Stelzenspinne, die graue Dungassel, die rote Miere, die Wurfnetzspinne, der Nacktwurm, der weiche und der harte Wurzelnager, der Fledderer, der Panzerkäfer, auch der ganz ordinäre Hirschkäfer, die Schwarzlaus, der Nasenwurm, der Totengräber, die vollgefressene Zecke, die Gallwespe, und dadrunter wohnt eine bettelarme Kröte.« Nach dieser Aufzählung blieb es einen Moment still im Dunkeln.

»Hast du das alles gesehen, Mirn?« fragte dann jemand leise.

»Ja«, sagte Mirn. »Ich bin da ein Weilchen rumgesummt, bei dem Misthaufen. Da wohnten auch Wespen in der Gegend, aber wir sind einander aus dem Weg geflogen. Ich weiß nicht, ob ihr Volk groß oder klein ist. Sie sahen aber gesund aus.«

»Keine Hornissen?«

»Nicht gesehen.«

»Aber du bist doch auch noch weiter weg gewesen?«

»O ja. Ich habe soviel gesehen. Gauchheil und Moosbeere. Und den Pfad von Hase.«

»Was??«

»Wo er langgekommen ist. Mit einem Tor, ein verborgenes Loch in der Mauer, durch das er reingekommen ist.«

»Hast du das gesehen?«

»Aber da wächst junger Brennessel. Das wächst zu. Hase ist schon lange nicht mehr dagewesen. Ich konnte gerade noch durch das Loch hereinfliegen, und wieder raus. Wie Hase.«

»Du? Hast du das getan? Aber das ist doch nicht erlaubt, durch das Loch zu . . .«

»Warum nicht?«
»Na ja . . . Darum nicht. Das ist heilig.«
Mirn sagte: »Jetzt nicht mehr. Wo Hase jetzt doch weg ist.«
Aber damit waren die anderen Bienen nicht einverstanden. Hase würde doch bestimmt zurückkommen, das stand fest, das hatte die alte Königin noch gesagt, die neue Königin würde das auch sagen, und die Wege von Hase blieben heilig, die durfte niemand betreten, auch wenn da Brennesseln wuchsen. Vielleicht wuchsen dort aus gutem Grund Brennesseln. Damit niemand den Weg benutzen konnte. Ja, bestimmt aus gutem Grund!«
»Und Hase selbst?« fragte Mirn. »Der kann doch auch nicht da durch.«
Doch das war Unsinn. Hase konnte alles und überall durch, und wenn nicht, dann flog er eben über die Mauer. Hatte er Hase wirklich nicht gesehen, irgendwo, fragten sie.
»Nein, ich nicht«, sagte Mirn.
»Aber du hast Kesse gesehen, als sie aus großer Höhe wieder nach unten kam?«
»Ja, das stimmt«, sagte Mirn. »Das stimmt . . . Gesehen habe ich sie, und gerochen und geführt. Zur Königin hab ich sie gemacht, bis an ihr Herz bin ich vorgedrungen mit meinem . . .«
Er wußte das richtige Wort nicht.
»Stachel?« fragte jemand ungläubig.
Aber Drohnen stechen nicht, also was dann?
Mirn wußte es auch nicht.
Kein Bein und kein Fühler, aber etwas Ähnliches. Er hatte nie etwas an sich feststellen können, erst als sie, also Kesse, von hoch oben herunterkam, dicht vor seiner Nase vorbei, als er da auf dem kühlen Maulbeerblatt

saß und sich sonnte, da hatte er das an sich wachsen gefühlt.
»Das kam durch ihren Geruch«, erzählte Mirn. »Sie roch noch besser als Blütenstaub oder Nektar. Einfach anders, lecker!
Ich mußte ihr hinterher.
Auf den Rücken, die Nase in ihren Nacken, und das tat ich, ohne daß wir ein Wort dabei redeten. Sie nicht und ich nicht. Das ging von alleine, und alles wurde so neblig um mich herum, ich dachte, dies ist das selige Ende, und ich flüsterte: Lecker, lecker, in ihren Nacken, als fräße ich sie auf, aber das tat ich selbstverständlich nicht.«
»Neblig um dich herum?« fragten die anderen. »Blau neblig?«
»Das weiß ich nicht. Ja, vielleicht«, sagte Mirn.
»War das der Wall, der auf dich zukam?«
»Wall?«
»Ja, da ist ein nebliger Wall jenseits der Mauer. Rundherum. So daß man doch nicht weiter kann.«
»Nichts von gesehen«, sagte Mirn. »Man kann sehr wohl weiter. Am allerweitesten kann man. Da ist immer noch mehr.«
»O ja?« Sie waren atemlos. »Mehr was?«
»Maulwurfshügel, hundert auf einer großen Wiese. Und Menschen. Zwölf Menschen habe ich gesehen, weit weg, eine Kuh, einen Apfelbaum, Blütenflocken und das brüllende Vieh und das Stinken vom Mist, ein Kalb und große Vögel in Schwarz mit krächzender Stimme, und auch Glitzerzeug. Da ist so viel, so viel . . .«
»Wasser?« fragten sie. »Hast du auch Wasser gesehen?«
»Aber ja doch«, sagte Mirn. »Wasser auch. Mit gelben Dottern darin, die waren verblüht.«
»Dotter?« fragten sie.

»Ja«, sagte Mirn. »Da ist so viel, jenseits der Mauer, so viel, was es hier nicht gibt.«
»Blumen?« fragten sie.
»Viele«, sagte Mirn. »Viele, viele, und von allen Sorten, die es hier auch nicht gibt.«
Da fingen im stockdunklen Korb einige Bienen an zu murren, daß sie auch über die Mauer wollten. Um die neuen Blumen, die es hier im Garten nicht gab, zu suchen, zu finden und leerzusaugen. Aber andere meinten, das wäre nicht richtig, das sei nicht erlaubt, das gäbe nur Unheil.
»Und Mirn?«
»Mirn ist eine Drohne.«
»Na und?«
»Das ist eben der Unterschied.«
»Was für ein Unterschied?«
»Frag doch die Königin!«
»Das hilft uns gerade weiter! Die ist doch selbst auch jenseits der Mauer gewesen.«
»Na bitte, darum ja gerade.«
Es folgte bedrücktes Schweigen. Und die Königin sagte am nächsten Tag: »Gar nicht dran zu denken«, und zwar in dem Ton, in dem Königinnen nun mal sprechen. Als dann auch noch eine Biene den Mut hatte, zu fragen: »Warum denn?« antwortete sie noch königlicher: »Quod licet Jovi non licet bovi«, was überhaupt niemand verstand. Da begann die Königin von Hase zu erzählen, der sehr bald zurückkehren würde, um Ordnung in den Garten zu bringen, und er erwartete, daß noch alle da wären, daß niemand treulos weggeflogen wäre, denn sonst . . . Von Majestät ging unüberriechbar der Geruch des Ungehaltenseins aus, und der dämpfte die aufrührerischen Gefühle.

Kesse war eine richtige Königin geworden, die größten Respekt verdiente.
Und draußen, im verwilderten Ringelblumenbeet, erzählte Gidio dasselbe: »Wirklich, Kinder, glaubt's mir, da jenseits der Mauer, das ist nichts für euch. Das ist kein Land für Honigholer. Erstens kennt ihr euch da nicht aus, ihr verirrt euch sofort, zweitens gibt's da nur bitter wenig zu holen, ich habe für euch extra drauf geachtet, auf die Blüten, glaubt mir, das ist nicht der Rede wert, drittens ist der größte Teil Wasser, wo überhaupt nichts wächst, darin kann man höchstens ertrinken, und viertens, und das ist eigentlich am wichtigsten, wimmelt es da von den allerschrecklichsten Feinden. Wirklich wahr, es ist ent-setz-lich gefährlich jenseits der Mauer. Eigentlich ist es ein großes Wunder, daß ich hier noch lebend vor euch stehe. Mindestens zehnmal wäre ich fast im Bauch von Freund Kohlmeise verschwunden, der da ganz schön zulangt. Und nicht nur einen, glaubt das nur nicht, mindestens zehn von den lieben Freunden habe ich da gezählt. Spinnen mit Fangnetzen, mit Wurfnetzen, und auch die gemütlichen Springer, die einem von einer unschuldig aussehenden Blume in den Nacken hüpfen, na, die sitzen da zu Tausenden. Und ständig weht es da. Dauernd Sturm, man fliegt sich lahm.«
Das mußten die Zuhörer erst einmal alles verarbeiten. Dann fragte eine Biene: „Bist du der Königin auch in den Nacken gesprungen?«
»Was? Ich?«
Gidio guckte entrüstet. »Wie kommst du darauf? Ich bin doch keine Spinne!«
»Nein. Mirn hat das erzählt.«
»Mirn? Der war ja nicht einmal . . . der ist unten geblieben . . . der konnte doch gar nicht . . .«

»Ja, das hat er ja auch unten getan. Jedenfalls hat er das erzählt.«

»*Der? Der* der Königin in den Nacken . . .?« Jetzt begann Gidio schallend zu lachen. Das war der beste Witz seit Monaten. Die Königin zu erschrecken, wenn sie gerade vom Hochzeitsflug zurückkam. Haha! Eigentlich, fand Gidio, gehörte sich das nicht. Daß der Mirn nicht fähig war, die Höhe zu erreichen, wie alle anderen Drohnen, und ein Weibchen wie Kesse zünftig zur Königin zu machen, na ja, traurig für ihn, aber warum war er dann überhaupt mitgeflogen, fragte man sich, und daß er dann auch noch, nachdem alle Drohnen mit der Königin »geflogen« waren, (du zuerst, Gidio, hatte sie gerufen, Gidio zuerst; jaja, man ist eine Drohne oder man ist keine), also daß dann nach Beendigung dieses feierlichen Vorganges hoch in der Luft (vier Kilometer hoch mindestens, schätzte er) so ein kümmerliches Nichts wie Mirn unbedingt einen kindischen Scherz daraus machen muß . . . Na ja!« Die Zuhörer schwiegen verdutzt. So hatten sie Mirns Geschichte nicht aufgefaßt. »Bekamst du auch den nebligen Wall vor die Augen?« fragten sie Gidio.

»Was sagst du?«

»Blau. Ein blauer Nebel, der erst in der Ferne ist und dann plötzlich ganz dicht . . .«

»Tja . . .«, sagte Gidio. »Nein . . .«

»Da kann man nicht durch?« fragten sie.

Gidio wußte überhaupt nicht, was sie meinten. »Ich komme immer überall durch«, rief er. »Das seht ihr doch. Durch alle Gefahren.«

»Jaja«, sagten sie.

Was Daams über das große Abenteuer zu erzählen hatte, das war nicht viel. Dicke Drohne Daams hatte nie viel zu

erzählen, ihm passierte nicht viel, seine dicke und harte Haut ließ wenig durchdringen. »Abenteuer?« fragte Daams. »Sagt mal ... ist doch überall dasselbe. Hier oder dahinten.«
»Dahinten, Daams, jenseits der Mauer?«
»Sag ich doch.«
»Ist es denn dort nicht gefährlich?«
»Nicht mehr als hier. Wenn du was Besonderes suchst, brauchst du da nicht hinzufliegen.«
»Aber da ist doch ein Misthaufen, und da gibt es ein großes Wasser und Happmeisen und Hornissen und einen Wall aus blauem Nebel und ...?«
»Schon möglich«, sagte Daams.
»Ja, aber ... aber ...« Daams schwieg. Die anderen schwiegen auch, alle Gedanken waren festgefahren, bis plötzlich jemand herausplatzte: »Die Königin, Daams, hast du die Königin nicht ...?«
»Kesse meinst du.«
»Ja, Kesse. Kesse, ja, hast du sie ... ist es dir gelungen ... ich meine, warst du einer von denen ...?«
»Ich bin mit ihr geflogen, ja. So gehört sich das doch auch?«
»Und? Wie war das?«
»Normal«, antwortete Daams. »Und ganz schön hoch. Das Mädchen kann fliegen, ich sag's euch ...«
»Wie hoch, Daams? Fünf Kilometer?«
»Mindestens«, sagte Daams.
»Und? War's schön?«
»Schön«, meinte Daams, »danach wird nicht gefragt. Schließlich ist man Drohne, man tut seine Pflicht, ihr doch auch?«
»Ja, Daams ... Und Hase, den hast du wohl auch nicht gesehen?«

»Auch nicht drauf geachtet«, sagte Daams.

Orr und Porr dagegen, die auch unzertrennlich wie Zwillinge waren, wußten Geschichten zu erzählen, die kein Ende nehmen wollten.

»Kesse!« riefen wir, »Kesse, Kesse, Kesse, komm hierher! Aber sie flog so schnell, da konnten wir nicht mit, und dann hatten wir sie auch schnell aus der Nase verloren. Sag ich zu Porr: Laß die Kleine doch zischen – ja, Kleine, wir wußten da ja noch nicht, daß sie Königin . . . – na ja, laß sie doch zischen, sag ich zu Porr, kümmer dich nicht drum, können wir hier mal schön auf die Pauke hauen, wo wir jetzt über die Mauer sind. Sind wir beide also . . .«

»Moment, Orr, Moment, da vergißt du aber, daß *ich* . . .«

»Ja, gut *du* sahst das braune Stück, und da wolltest *du* . . .«

»Na ja, dann mußt du doch nicht so tun, als hättest *du* . . . denn *ich* war derjenige, der sagte, laßt uns beide doch . . .«

»Ja, ja, aber das braune Stück, was es auch war, Nadeln oder Haare, damit war nichts anzustellen . . .«

»Roch so komisch.«

»Ja, das sagst du. Du hattest ja auch noch Kesse in der Nase.«

»Das roch jedenfalls ganz anders.«

»Auf alle Fälle, wir also weiter, und dann kamen wir an einen Teich, breit, breit, ein Teich ohne anderes Ufer, mit grauen Fischen darin, die . . .«

»Grau? Wie ist das denn nur möglich? Kneis ist doch rot?«

»Möglich, aber die waren grau. Stimmt das, oder nicht, Porr?«

»Ja, grau. Jedenfalls dunkel. Und groß. Könnten hier nicht mal ausgestreckt in den Korb.«
»Das glauben wir nicht.«
»O nein? Orr? Erzähl ich die Wahrheit, oder ...?«
»Die Wahrheit! Könnten hier noch nicht mal halb in den Korb. Aber gut, wir also am Wasser entlanggeflogen, bis wir sahen, daß das kein Ende nahm. Sag ich zu Porr, Porr, sag ich, wir müssen ein Endchen in *die* Richtung, das Wasser, das kennen wir jetzt, die Bäume da hinten, die sind viel schöner, komm mit. Wir also dahin. Kamen wir in einen Wald. Und da haben wir uns fürchterlich verirrt.«
»Ja, deine Dummheit, deine Schuld!«
»Ihr sollt euch nicht immer streiten. Wir wollen eure Geschichte hören. Verirrt also. In einem Wald. Und dann?«
»Na ja, dann ... erzähl du weiter, Porr.«
»Von den anderen?«
»Von den anderen, ja.«
»Erzählen! Mach schon!«
»Tja, in so einem Wald, da weiß man bald nicht mehr, wo hinten und wo vorne ist. Tausend Bäume um einen herum, die Sonne kaum zu sehen. Wir haben dann ein paar Fremde getroffen. Wir waren schon stundenlang umhergeflogen und sahen immer weniger von der Sonne, denn die ging schon unter. Ja, also da kriegten wir plötzlich den Geruch von Fremden in die Nase. Tannenharz, so roch das erst, aber es waren doch richtige normale Bienen. Ungefähr fünf. Wo wir herkämen, fragten sie, und wir sagten: Aus dem Garten. Sagten die: Da darf man doch nicht raus? Stimmt, sagten wir, aber woher wißt ihr das? Da sagten sie: Erkennt ihr uns denn nicht mehr? Nein, sagten wir, ihr riecht so anders. O ja?

fragten sie. Aber ihr riecht noch genau wie früher, wie früher im Garten. Wie früher im Garten? fragten wir. Ja, sagten sie, da hat unser Volk gewohnt, neben euch, aber wir sind ausgeschwärmt, mit der vorigen Königin. Und jetzt wohnen wir hier. So? fragten wir. Wo denn? Wo wohnt ihr denn? Ganz in der Nähe, sagten sie, kommt mit. Wir also mit zu ihrem Korb. Aber das war überhaupt kein Korb. Ein Loch in einem Baum hatten sie, rohes Holz, ihre Waben kreuz und quer dadrin. Eng und zugig war es da. Da leben sie. Wie die Wilden im Busch.«

»Aber . . . frei!« rief Orr.

»Ja, frei, aber so armselig, und so wenige, ein kümmerliches Völkchen war es geworden, mit einer altersschwachen Königin. Sehr freundlich, das stimmt . . . aber eine Waldbiene werden . . .? Nein!«

»Komm, Porr, die haben uns tadellos aufgenommen. Sie haben uns eigentlich sogar das Leben gerettet, das müssen wir ehrlich zugeben. Denn das kann ich euch sagen: Es fing schon ganz schön an dunkel zu werden, zurück nach Hause hätten wir's auf keinen Fall mehr geschafft. Wir haben bei ihnen zu essen bekommen, und wir haben auch recht gut geschlafen, in ihrer armseligen Höhle.«

»Ja, ja, ja, Orr, aber am nächsten Tag hat's dir doch auch schon gereicht. Das mußt du doch zugeben. Wir sind in den Regen geflogen, weil *du* es in der herrlichen freien Höhle nicht mehr aushalten konntest.«

»Tagsüber, ja. Da sollte man ja auch draußen sein. Das war am Regentag; die blieben alle drinnen, wir also auch, bis es mir zu drückend wurde. Die Königin nörgelte ununterbrochen über ihr erbärmliches Leben, obwohl sie es doch wirklich gut hatte, umringt von treuen Arbeiterinnen und liebevollen Dienerinnen. Hab ich dann gesagt, wir müßten nach Hause, Regen oder nicht. Da haben die uns noch den Weg gezeigt. Sind wir abgehauen. War ja auch schon Nachmittag. In der Luft kriegten wir schon bald Ärger mit den Regentropfen, man fliegt zickzack und zickzack und werde todmüde und schwer von der Nässe, man verliert die Richtung, ja, wir verloren die Orientierung, es wurde schon wieder dunkel, und wir mußten wieder in einen Baum, sogar ohne Höhle, einfach auf einen Zweig, ungeschützt im Freien. Das ist im Stockdusteren kein Vergnügen, aber später in der Nacht verzogen sich die Wolken, und dann kam der Mond zum Vorschein. Und wen sah ich da? Denn geschlafen haben wir ja kaum.«

»Ratet mal!« rief Porr.

»Das raten die nie«, meinte Orr. »Ich werd's euch sagen: Der da angeflattert kam, dicht an unserem Versteck vorbei, das war der Fledermaussohn. Aber nicht mit seinem Vater. Er war mit einer anderen Fledermaus zusammen. Das roch ich schon aus einiger Entfernung.«

»Also über die Mauer geflogen!« rief Porr. »Genau wie wir.«

»Die wollen also auch frei sein«, sagte Orr. »Aber das war unser Glück, denn jetzt wußten wir wieder, in welche Richtung wir fliegen mußten. Wir sind sofort abgeflogen; es regnete so gut wie gar nicht mehr, und als wir an die Mauer kamen, wurde es schon ganz schön hell. Und wer stand da am Teich, wie jeden Morgen in aller Frühe? Genau, Fischreiher auf seinen hohen Stelzen, lauerte Kneis auf. Wie immer. Aber diesmal flogen verrücktgewordene Nachtfalter um seinen Kopf rum, drei dösige Nachtfalter, total irre, und natürlich blind, die flatterten ihre Runden um Reiher rum. Gleich schnappt er zu, dachten wir!«

»Und?«

»Machte er. Aber immer daneben.«
»Und dann?«
»Er flog weg. Wütend und irritiert. Und die Nachtfalter taumelten ins Gras.«
»Ja«, bestätigte Porr. »Und wir flogen nach Hause.«
Das war ihre Geschichte, und die Zuhörer riefen: »Jetzt noch Sbero! Sbero! Sbero! Sbero! Du bist der einzige, der noch nichts erzählt hat. Der einzige von allen neun.«
»Bin ich das?« fragte Sbero.
»Ja, und jetzt bist du dran.«
»Was soll ich denn erzählen?«
»Na, von jenseits der Mauer. Von der Königin. Was du erlebt hast.«
»Ich hab nichts erlebt.«
»Aber du bist doch . . .?«
»Was denn? Ja, ich habe sie befruchtet. Da war sie dann Königin. Was gibt's denn darüber zu erzählen?«
»Aber . . . aber . . . warst du denn der erste, der sie . . . genommen hat?«
»Ja.«
»Und . . . und . . . sehr hoch?«
»Ziemlich, ja.«
»Aber . . . aber . . . was hast du nicht alles gesehen?«
»Na ja, ihren Rücken, ihren Nacken.«
»Ja, aber . . . in der Ferne, oder tief unten.«
»Nichts. Ganz normal. Erde. Luft.«
»Blau?«
»Blau, ja.«
Da rief eine Biene stichelnd: »Soso, Sbero, da hast du ja wirklich viel erlebt. Hast bestimmt auch Hase gesehen?«
»Den schon, ja.«
»Was?«
»Ja«, sagte Sbero.

»Hase hast du gesehen?« Sie fielen vor Staunen fast um.
»Ist das denn was Besonderes?«
»Aber darum ging es doch?«
»Quatsch! Es ging um Kesse.«
»Na ja . . . Wo war er denn, Sbero?«
»Irgendwo. Da draußen. Er sprang ein bißchen rum.«
»Und . . . und . . . war er unterwegs hierher?«
»Weiß ich doch nicht. Da waren übrigens mehr.«
»Mehr?«
»Sag ich doch.«
»Mehr Hase? Mehr als einer?«
»Ungefähr drei oder vier. Hoppelten da rum.«
Das mußte der neuen Königin gemeldet werden. Und zwar sofort. Denn Majestät selbst hatte während ihres Hochzeitsfluges Hase nicht gesehen. Oder? Nein. Dieser Bericht war eine große Neuigkeit für das Volk. Hase war also auf dem Weg und würde bestimmt bald ankommen, das stand fest. Falls Sbero sich nicht getäuscht hatte. Sbero war kein Schwindler. Sbero nicht.
Wenn's darauf ankam, konnten sie seinen Worten Glauben schenken.
»Aber mehr?« rief eine emsige Arbeiterin. »Es gibt doch nur einen Hase?«
Die Frage blieb in der Luft hängen, denn die Königin hatte sich schon abgewendet. Sie benahm sich schon sehr königlich, die Kesse.

⌘

Frau Spatz auch. Beleidigt und verärgert drehte sie sich auf dem Nest um und kehrte Herrn Spatz den Rücken zu.
»Aber so *ist* es doch, Liebste?« sprach er. »Du siehst es doch selbst?«

In dieser Nacht war ein zweiter Maulwurfhügel hinzugekommen, etwas weiter weg auf der kleinen Wiese.
»Und Hase, das ist doch nur einer«, hatte Herr Spatz gemeint.
»Er *kann* es also nicht sein. Du mußt doch zugeben . . .«
Frau Spatz antwortete nicht mehr. Nicht einmal auf den nicht beendeten Satz. Nicht einmal mit einem Wippen ihres Schwanzes.
Zwischen den beiden entstand ein eisiges Schweigen. Erst nach längerer Zeit begann Herr Spatz vorsichtig: »Hör doch zu, Liebste, es ist doch klar . . .«
»Liebste?« rief Frau Spatz. »Nenn mich bitte nicht Liebste. Das meinst du nicht ernst. Das meinst du überhaupt nicht ernst. Ich sage dir . . .«
Sie schwiegen.
Herr Spatz dachte, das wäre einfach ein nicht beendeter Satz. Da wollte er auch so einen als Antwort geben, als halbe Antwort.
Doch seine Frau kreischte: »Sei still!«
»Was ist denn jetzt los?«
Unter Frau Spatz hörte man etwas platzen, scharren und sogar piepen.
»Es ist soweit!« rief sie. »Ja!« Sie stand auf und schaute nach. »Guten Tag, Kinderchen«, piepte sie schrill, »seid ihr endlich da?«
»Alle fünf?« fragte Herr Spatz.
»Vier«, zählte sie und warf die leeren Eierschalen aus dem Nest. »Aus dem letzten wird nichts«, meinte sie. »Das fünfte, das werf ich auch . . .«
»Nein!« schrie Herr Spatz.
»Was . . . nein . . .?«
»Das kommt noch. Das kommt sicher noch raus. Das fünfte ist das schönste, das beste. Das wirst du ja sehen.«

»Aber nein. Ich hab auch keine Lust mehr noch länger zu sitzen, nein, ich denk nicht dran.«
»Dann tu ich es!« rief Herr Spatz. »Ich werde es ausbrüten, du darfst fliegen. Hau nur gleich ab.«
Das war nicht nötig, denn die vier ausgekrochenen Spatzenkinder schrien schon mit weit geöffneten Schnäbeln vor Hunger. Man konnte ihnen bis in den Magen gucken, so weit hatten sie die Schnäbel aufgerissen.
»Na los«, sagte Herr Spatz. »Hol was zu essen!«
Frau Spatz flog los, froh über ihre Freiheit, über die Bewegung, über die frische Luft im Gefieder. Sie flog und fing Raupen, Käfer, Würmer. Hin und zurück, vom Nest in den Garten, vom Garten ins Nest, flatternd, hüpfend, Schnäbel stopfend. Rein, rein, immer wieder einen Schnabel mit einem Wurf vollstopfen, einem neuen Käfer, einer neuen Raupe. Rein, rein, jagen, rennen, fliegen.
»Hilf mir doch mal«, rief sie.
»Ich brüte«, antwortete Herr Spatz.
»Auf einem toten Ei«, rief sie. »Schmeiß es weg und hilf mir. Du sitzt nur im Weg.«
»Ach, du!«
Hase war vergessen. Der Streit war geblieben.
»Mein Mann sitzt auf seinem fünften Ei«, rief Frau Spatz ihren Freundinnen zu. Und die lachten laut tschilpend.
»Den hättest du nie heiraten dürfen«, sagten sie. »Der ist so schrecklich vornehm und steif. Euer Nest taugt auch nicht viel. In dem Baum. Von den Blüten wird man doch ganz benommen und irre. Da stellt man dann solchen Blödsinn an.«
»Ist das wahr?« fragte Frau Spatz.
»Hast du denn nichts davon gemerkt?« fragten sie.
Frau Spatz antwortete nicht.

Sie flog zurück. Ohne Raupe.
»Wir müssen hier weg«, sagte sie.
»Was?« fragte ihr Mann.
»Der Geruch macht uns verrückt. Der Duft der Vogelkirsche. Der schlägt uns auf den Verstand.«
»Du bist verrückt.«
»Ja«, sagte sie. »Und du auch. Und unsere Kinder werden es werden, wenn wir nicht rechtzeitig . . .«
»Was ist das denn für Unsinn?«
»Ach, du!« rief sie. »Du mit deinem idiotischen Brüten auf dem einen . . .«
»Wer hat dir den Blödsinn erzählt?«
»Alle!« rief sie. »Alle sagen, daß die Blüten gefährlich sind.«
»Na, dann erzählen eben alle fürchterlichen Unsinn.«
»Und *ich* will, daß wir umziehen!« schrie Frau Spatz nun.
Er blickte sie ruhig an und fragte: »Wie? Mit Jungen und Nest und Ei?«
»Das Ei«, begann sie, »das blöde fünfte . . .«
Aber dann schwieg sie. Das Piepen der Kleinen neben und unter Herrn Spatz wurde ohrenbetäubend.
»Los«, sagte Herr Spatz streng, »an die Arbeit, Frau. Essen holen!«
Und das tat sie gefügig.
Das fünfte Ei war nicht tot. Schon bald brach es auf. Ein strammer Sohn kam heraus. »Der größte!« rief Herr Spatz stolz. »Der stärkste, der tapferste, der geschickteste, kurzum der beste, eine echter Sohn seines Vaters!«
Frau Spatz schwieg.
»Ich werde höchstpersönlich für seine Fütterung sorgen!« rief Herr Spatz. Und damit flog er aus dem Nest.
Von dem Moment an flog Herr Spatz hin und her. Die

fettesten Raupen, die längsten Würmer, die dicksten Käfer, die er finden konnte, schleppte er heran. Bis fast über die Mauer flog er, nur um die besten Häppchen für seinen besten Sohn zu ergattern. Rein, rein, rein stopfte er einen Happen nach dem anderen, in den größten Schnabel seiner fünf Kinder, mehr und mehr und mehr, daß der Junge wuchs und wuchs und immer dicker wurde. Für die anderen vier blieb kaum noch Platz im Nest.

Und der Vogelkirschbaum duftete, duftete mit seinem weißen Blütenschmuck, daß man so frohgemut wurde, so verzaubert, daß man die Dinge anders sah als sie waren.

6
Von der Hochzeit

Kneis saß im Schlamm, tief, still und stundenlang. Nein, das hatte er ihr nicht gewünscht, der schmierigen, ekligen Krötenmadame, daß sie grausam verschlungen wurde. Damit saß er da, die ganze Zeit mucksmäuschenstill, ohne die geringste Bewegung, mit dem Gedanken an Madame Hermine und wie sie vor seinen Augen weggeschleppt worden war. Als begriffe er erst jetzt so richtig, wie es seinen acht Frauen, einer nach der anderen, ergangen war. Kneis saß da nur und grübelte und bewegte sich nicht. Doch im Schlamm bewegte sich etwas. Da war Geschlängel und Gewimmel, und blubbernde Stimmchen waren zu hören: »Was will der Fisch hier? Fisch, Fisch, gefährlicher Fisch?« Da wohnten Unmengen von Kriechtierchen mit hohlen Glibberkörpern, mit Schlingen und mit Schleim. Da waren welche, die stachen, die gestochen wurden, die einander jagten, die verschlangen, die wegkrochen, die hinzuschossen, die Glibber absonderten, die Panzer trugen, und alle fürchteten sie sich vor dem Fisch.
»Ich fresse euch nicht«, stieß Kneis schließlich hervor.
»Ja, ja, und das sollen wir dir glauben«, meinten die meisten. »Geh weg, Fisch, geh weg.«
Aber Kneis blieb sitzen wo er saß, und das Gewimmel im Schlamm ging weiter, wie das Leben eben weitergeht, auch unter den gefährlichsten Umständen, und jetzt bekam Kneis Ohren für das Gebrodel im Boden.
Die Glibberiche und die kleinen Krabbelklitze, das waren die beiden Parteien, die sich stritten. Die einen riefen: »Auf uns Glibberiche wartet ein besseres Leben, wir werden aufsteigen zur Wasseroberfläche und dort durchbrechen, und dann aufsteigen in das Freie Nichts, auch das Blaue All genannt.«
Darüber mußte die andere Partei laut lachen.

»Die Krabbelklitze jedoch werden für alle Ewigkeit in diesem tiefen Schlamm bleiben, wo sie sich vermehren, ohne Hoffnung auf Befreiung, während wir aufsteigen werden, um . . .«

»Jaja«, rief die andere Partei, »aber wann?«

»Wenn die Zeit gekommen ist. Wenn die Zeit sich erfüllt und der Stengel ausgewachsen ist, an dem wir . . .«

»Das war er das letzte Mal schon, vor einem Jahr konntet ihr schon nach oben. Damals ist Bruus gegangen, und mehrere sind mit ihm mit. Und nie zurückgekehrt!«

»Sie sind emporgeflogen ins Blaue All, ins . . .«

»Aufgefressen, meint ihr wohl! Der Fisch hat sie aufgefressen. Hier, dieser.«

»Aber nein«, sagte Kneis. »Na ja, ein paar.«

»Hört, hört, da brummt das Fischlein Kneis den Seins-Beweis.«

»Nein, Brüder, nein, emporgeflogen sind sie.«

»O ja? Und was heißt das? Das wißt ihr ja nicht einmal, ihr Glibberiche.«

Einen Moment blieb es still. Kneis sagte: »Libelle.«

»Der Fisch, was sagt der Fisch?«

»Teufelsnadel«, sagte Kneis, »Plattbauch, das wird aus euch.«

»Fischens Hirngespinst«, riefen die Glibberiche, und die kleinen Krabbelklitze mußten darüber lachen.

Aber Kneis wußte es ganz genau; er hatte gesehen, wie das vor sich ging: Wenn der Sommer anfing, kletterten die Glibberiche am Stengel der Wasserrose hoch, an der Wasseroberfläche platzten sie dann auseinander, wobei sei einen Angstschrei ausstießen, den sogar er hören konnte, einen Todesschrei, aber anstatt tot auf den Boden des Teiches zurückzufallen stiegen sie auf, erhoben sich über das Wasser und aus seiner Welt, als vollkommen neue Lebewesen. Libelle waren sie geworden, mit blauem Schwanz als Zeichen ihrer Würde. Das würde er nie erreichen, wußte Kneis, denn das war nicht seine Bestimmung. Nicht einmal Hase würde daran etwas ändern können (oder wollen). Das war ihm klar. Einmal Fisch bleibt Fisch und auch auf immer vor sich selbst Fisch. Das hatte er seinen Frauen auch immer wieder vorgehalten, aber die gähnten dann mit ihren Kiemen, bis auf Feuerrote Nelly, die hatte ihn bewundernd angeschaut. Liebe Nelly.

Warum sollte ich eigentlich noch länger hier im Schlamm sitzen? dachte Kneis. Fisch bin ich, und als Fisch werde ich auch enden. Warum warten? Und worauf?

Er schlug mit dem Schwanz und zog seinen Körper langsam aus dem saugenden Boden des Teiches. Gemächlich ließ er sich hochtreiben zur Wasseroberfläche (könnte ich doch da durch und fliegen, dachte er). Den Rest des Tages mümmelte er an den Luftbläschen, immer bemüht, als ködernder roter Fleck aus der Luft gesehen zu werden. Komm nur, dachte er, großer Fischreiher, komm und schnapp mich.

Aber Fischreiher kam nicht, den ganzen Tag über nicht, und auch die ganze Nacht blieb Kneis allein, denn auch Madame Hermine kam nicht, um ihr Bad zu nehmen.

Überhaupt kein Besuch mehr, murmelte Kneis traurig vor sich hin, es hat alles keinen Sinn mehr. Gekrümmt legte er sich auf die Seite, wie es sterbende Fische tun, um auf den Tod zu warten.

Fischreiher kam am frühen Morgen. Auf leicht gekrümmten Flügeln segelte er hinunter, schlängelte sich geschickt durch die Bäume, landete dann mit einem Flügelschlag und drei Stolperschritten am Teichufer.

Jetzt bin ich dran, dachte Kneis, was werde ich dabei

fühlen? Wie Aufbrechen, mit Schmerzensschrei? Aber dann fliege ich auch auf, mit Fischreiher. Wo ist da der Unterschied? Trotzdem zitterte er am ganzen krummliegenden Körper, denn den kommenden Tod empfindet ein Fisch nicht anders als eine Libelle.
Auf Beinen wie zerbrechliche Stelzen kam Fischreiher näher, den Hals zum scharfen S gebogen.
Zorobab sah ihn. Von seiner Pusteblume aus. Den segelnden Anflug und die Landung hatte er gesehen. Verstummt von der schreckeinjagenden, majestätischen Würde. Aber jetzt schrie er los: »Hase! Da ist Hase!« Er flatterte auf, um sich zu den Nachtfalterschwestern zu begeben.
Sis und Sus saßen nicht weit weg auf zarten Blättern. Sus stöhnte: »Oooh, es kommt!« Reihen von Eiern flossen aus ihrem Körper, klebten sich fest am grünen Blatt. Sis saß unbeholfen daneben, dachte: Besser sie als ich. Währenddessen spähte sie zur kleinen Wiese, um Hase erscheinen zu sehen.
Und dann erklang plötzlich Zorobabs rauhe Stimme: »Hase! Da ist Hase!«
»Was sagst du? Hase? Wo, wo denn?«
»Da, beim Teich.«
»Was macht der hier, er soll gehen. Oooh!«
»Was?«
»Zorobab. Hat hier nichts zu suchen. Schick ihn weg, Sis.«
»Oh. Aber Hase! Ich seh Hase nicht.«
»Guck doch, er geht ins Wasser!«
»Hau ab! Geh!«
»Aber ich . . . was machst *du* denn da?«
»Haaase?? Das ist nicht Hase, das ist Fischreiher!«
»Was ist mit Sus? Was macht die da?«

»Idiot! Dummkopf! Wie kannst du es wagen ... wie ... wie ... *Fischreiher* als Hase ...«
»Schieß in' Wind mit deinem Fischreiher, dumme Pute. Kümmere dich lieber um deine Schwester, die ...«
»Zorobab, ich bring dich um!«
»Ich tu doch nichts?«
»Sis! Bitte, Sis, was machst du denn jetzt? Sis! Komm zurück, Sis! Bist du verrückt geworden, komm hierher!«
»Ach, die Trine ist nicht ganz richtig im Kopf. Laß sie doch!«
»Oooh! Auuuuaaa ... Oooh!«
»Du bist auch nicht ganz richtig, was?«
»Hau ab!«
Sis flatterte Runden um Fischreiher. Vom fahlen Morgenlicht war sie halb erblindet, aber *ihn* konnte sie noch im Auge halten. Den Tod im Auge, dachte sie. Verschluckt werden von Fischreiher, ewig im Dunkel seines Magens zu bleiben, das war alles, was Sis noch blieb, da Hase nun ja doch ausblieb und ausblieb und ausblieb.
»Haaase!« rief sie verlangend. »Haaase, Haaase«, wobei sie ihre Runden um Fischreiher drehte.
Zorobab konnte es nicht mehr mit ansehen, das idiotische Geflatter. Im Gegenlicht schienen es zwei Sissen zu sein.
Er drehte sich zu Sus um, wollte der sagen, daß ihre Schwester nun ja wohl unwiderruflich verrückt geworden war und sehr bald ...
Aber Sus war verschwunden.
Was ist denn jetzt los? dachte Zorobab und starrte auf die Eierfädchen, die ans grüne Blatt festgeklebt waren. Ging es darum? Aber als Nachtfaltermännchen begriff er das ja doch nicht, verstand er nur, daß Sus weg war.
»Sus!«

Und plötzlich begriff er, warum es aussah, als würden da zwei Sissen um Fischreiher . . .
»Sus! Hier! Komm hierher!«
Wie ein wütender Ehemann flog Zorobab auf sie zu.
Drei Nachtfalter um seinen Kopf herum, das war zuviel für Fischreiher. Er schnappte zu, doch daneben; und sie reizten ihn weiter mit ihren schwirrenden Mottenflügeln, so daß er nicht die Gelegenheit bekam, den rotgoldenen Fisch, der an der Oberfläche trieb, wegzuschnappen.
Wütend schüttelte Fischreiher sein Gefieder, stellte sich in Positur, spreizte die Flügel, sprang in die Luft und verschwand mit kreischendem Schrei.
Sis, Sus und Zorobab torkelten noch eine Runde hintereinander her und landeten dann völlig erblindet im Wegerich am Teichufer.
Kneis, der trotz aller Bemühungen nicht verschlungen worden und so einsam wie nie zuvor war, tauchte bis an die Wurzel der hochwachsenden Wasserrose.
Im Nest der Spatzenfamilie wurde es enger und enger, weil das fünfte Kind so schnell wuchs. Es wuchs schneller als die anderen vier zusammen.
»Sorgst du auch gut für sie?« fragte Herr Spatz seine Frau. »Sieh dir mal meinen an.«
»Jaja«, antwortete sie gehetzt, »aber vier Schnäbel sind eben mehr als . . .«
»Sie sind so klein«, meinte Herr Spatz, »du mußt dich mehr beeilen, Frau.«
Sie rackerte sich ab, holte Würmer und Käfer heran, aber das fünfte Kind, der Lieblingssohn des Vaters, wuchs zu schnell und drückte ein anderes aus dem Nest, ein spindeldürres Klappergestell mit Stoppelfedern, das rosig und tot ins Gras fiel.
Baron Phaff sah es fallen und fühlte ein leichtes Zittern

des Erdbodens. Er mochte das Gras nicht, das ihm den Bauch kratzte und dessen Farbe ihm keine Tarnung bot, aber hier mußte er doch draufzu. Ein totes Vögelchen, roch er, das ist nichts; er wollte schon wieder zurück in den Sand, der seine Farbe hatte, da erregte ein Wirrwarr von Bewegungen seine Aufmerksamkeit.

Baron Phaff wagte sich noch weiter auf die kleine Wiese. Ameisen, roch er. Verschwommen erkannte er die Umrisse ihres Haufens. Und dann sah er am Hang des Haufens etwas Funkelndes, einen Glitzerring, aus Gold. Einen Ring.

Eine ganze Armee von Ameisen zerrte und zurrte und schleppte daran. »Befehl Ihrer Majestät! Befehl Ihrer Majestät! Befehl Ihrer Majestät!« schrien sie durcheinander, um sich gegenseitig anzuspornen, denn sie bekamen das fürchterlich schwere Ding nicht einen Millimeter von der Stelle. Nicht die elf Träger, und auch nicht alle Arbeiter und Soldaten, die sie hinzugezogen hatten.

»Nicht zu schmeißen, nicht zu beißen, nicht zu reißen!« schrien sie.

»Schleppen!« kreischten andere.

Sie waren alle sehr aufgeregt.

Baron Phaff war noch aufgeregter. Ring, dachte er, goldener Ring. Davon hatte Madame gesprochen. Verlorengegangen, hatte sie gesagt. Wenn er das ist, und ich bringe ihn ihr . . . Wenn er das ist, und er *ist* es selbstverständlich, was kann es sonst sein, und ich *bringe* ihn ihr . . .

Der Baron hörte auf zu denken und fing an zu handeln. Er kroch näher heran, bis an den Fuß des Ameisenhaufens, und begann hinaufzuklettern. Mit den Füßen schob er die Tannennadeln unter sich her, machte er vier Schritte vorwärts, rutschte er drei wieder zurück, so daß der

Hang des Haufens ziemlich stark beschädigt wurde. Sofort stürzten sich die Ameisen auf ihn. Sie krochen auf die plumpe alte Kröte und bissen ihr in die mit Pocken übersäte Haut. Scharf, scharf, wie wütend kneifende Zangen. »Hör auf, Kröte, hör auf! Hau ab!«
Aber der Baron hörte nicht auf. Nur noch Madame Hermine im Kopf, krabbelte er den abbröckelnden Hügel hinauf, bis er mit einem Griff den Ring erwischte. Das Gewimmel war schrecklich, bis in die Augen und ins Maul krochen sie ihm, ihre Bisse waren fürchterlich, aber mit dem goldenen Glitzerding in der rechten Hand ließ Phaff sich den Hang hinuntergleiten, richtete dabei mit paddelnden Beinen noch mehr Schaden an, bis ins Gras, wo er in Richtung Sand zu entkommen versuchte. Auf seinem Rücken und seinem Bauch wimmelte es immer noch von Ameisen, doch die Grashalme fegten sie ihm vom Leib, und natürlich konnte ihn dann keine einzige mehr einholen. Keuchend und zerbissen, steif und mit dem schmerzenden Gift im Körper, aber ohne einen einzigen Verfolger, erreichte der Baron den Sand. Seine Augen glühten vor Verlangen nach Madame.
Baron Phaff schleppte sich zur Mauer, den Ring hatte er nun über den Arm geschoben, und klopfte an die Tür von Hermines Palast. Er war völlig außer Puste, mit jedem Atemstoß blähten sich seine Hüften auf. Den Ring hielt er nun wieder in der Hand, um ihn sofort anbieten zu können, sobald die Tür geöffnet wurde. Aber die Tür blieb verschlossen.
Madame war nicht zu Hause. Oder sie schlief. Oder wünschte nicht gestört zu werden. Oder . . .
»Madame? Madame Hermine?« rief Baron Phaff nun vorsichtig.
Keine Antwort.

»Madame Hermine, ich bin es, Baron Phaff. Raten Sie einmal, was ich für Sie habe?«
Aber im Palast unter der Mauer blieb es still.
»Zdenjek muß kommen!« riefen die Ameisen. »Zdenjek! Holt Zdenjek, daß wir es ihm erzählen, statt Majestät.«
Sie holten Zdenjek, der weise geworden war durchs Abenteuer, und erzählten, daß die Kröte ihren Fund geraubt hätte. »Eine Armee, Zdenjek, eine Armee von Soldaten und hinterher. Wenn Majestät das erfährt . . .«
»Hmhm«, sagte Zdenjek. »Eine ganze Armee, das erfährt Majestät garantiert.«
Alle schwiegen bedrückt.
»Der Fund war nicht zu beißen«, rief eine Ameise.
»Wertlos«, meinte eine andere.
»Schweigt«, sprach Zdenjek. »Ich werde es Majestät erklären.«
Doch in dem Moment kam die letzte Ameise, die sich am weitesten von der Kröte hatte mitschleppen lassen und die ihn am heftigsten gebissen hatte, mit dem Ruf zurück: »Ein Fund, ein Fund, ein neuer Fund!«
Sie rochen daran. Der tote Star?
Nein, das tote Spatzenkind, nackt-rosig und Stoppelfedern. Wertlos.
»Der wächst viel zu schnell!« rief Frau Spatz, nun ernsthaft besorgt. »Und viel zu dick ist er. Für die anderen bleibt überhaupt kein Platz.«
»Füttere sie dann besser«, mahnte Herr Spatz. Er war so stolz auf seinen Sohn. Selbst ausgebrütet, den Nachzügler, haha.
»Ich vermisse schon einen«, sagte Frau Spatz.
»Desto besser.«
Die Antwort konnte sie nicht verkraften. Wie war das möglich: So eine Veränderung im Verhältnis der beiden

Spatzen, das erst so innig war, so liebevoll, so zärtlich, so hingebungsvoll. Und nun? Waren die Kinder der Grund? Das Brüten? Oder . . . Hase?

Madame Hermine hatte sich den ganzen Tag in ihrem Eichenblattbett herumgewälzt, hatte geträumt von Juwelen, die ihr vor der Nase weggeschnappt wurden. Als es wieder dunkel wurde, war sie sogar aufgestanden und hatte schlafwandelnd im Garten herumgesucht. Das ganze Gebiet um den Teich herum hatte sie wie ein verblendeter Schatten durchsucht, auch einen Teil der kleinen Wiese, so sehr das Gras ihrem dicken Bauch auch wehtat. Und erst als die späte Mondsichel über den Bäumen aufging, war sie wach geworden. Was mache ich hier? dachte sie, ihren zerkratzten Bauch im Sand des Ringelblumenbeetes kühlend. Juwelen, dachte sie, und der Gedanke brachte die Erinnerung an ihre Schwester zurück. An ihre kranke Schwester. Sollte sie die nicht einmal besuchen? Sich drum kümmern, welche Krankheit sie hatte? Und nachschauen, ob ihre Juwelen noch sicher aufbewahrt waren? Krank sein ist schwach sein. Das Verlangen, ihre schwache-kranke-sterbende-tote Schwester zu besuchen, stieg mit aller Heftigkeit in Madame Hermine auf. Ihre Müdigkeit verschwand, rutschte durch den Bauch in den Sand der Ringelblumen, so daß sie voller Spannkraft nach Hause kroch, durch die vordere Tür in ihren Palast, durch die hintere Tür wieder hinaus, an der Mauer entlang, zu ihrer Krötenschwester, die seit Jahr und Tag auf dem Misthaufen wohnte.

Baron Phaff klopfte also umsonst an die vordere Tür. Den Ring in der Hand blieb er eine Weile unschlüssig stehen.

Er wartete und schlief schließlich an die Mauer gelehnt ein: Eine alte Kröte, den Goldring mit dem Körper bedeckt, wie ein kleines Küken, das gegen die böse Welt beschützt werden muß.

»Es war glatt und hart, nicht zu beißen und nicht mitzureißen, Majestät«, erklärte Zdenjek. »Darum können wir nicht sagen, wir hätten es verloren.«

»Darum! Darum!« brüllte die Königin der Ameisen. »Was erlauben Sie sich, Adjutant, so zu reden? Weil Sie uns den Kadaver verschafft haben? ›Die tote Biene von Zdenjek‹, wie man die Geschichte Ihrer Heldentat nennt? Nun, das gibt Ihnen kein Recht, um . . .«

»Recht . . .?« stieß Zdenjek hervor.

»Schweig!« kreischte nun die Königin mit sich überschlagender Stimme. »Was für ein Volk habe ich! Ein ganzes Volk von Schlappschwänzen, und fünf Mucker als Adjutanten.« Zdenjek richtete sich auf.

»Und einer der Mucker«, fuhr Majestät fort, »der Fünfte, der vormalige Träger, ist auch noch ein . . .«

Sie schwieg. Sie schwieg abrupt und starrte über Zdenjek hinweg, mit Augen, die nichts sahen, die ausgeschaltet waren, weil dahinter ein Gedanke gesponnen wurde.

»Majestät . . .« begann Zdenjek.

»Es ist so wie ich sagte«, sprach die Königin nun wieder ruhiger. »Und du, Zdenjek, bist der Schlechteste nicht. Ruf meinen fünften Adjutanten.«

»Ja, Majestät, selbstverständlich, aber der andere Fund, was den . . .«

»Der tote Vogel? Ich habe tote Vögel satt. Da werden noch mehr aus dem Nest fallen. Kein Interesse. Ich will den Schatz. Hol meinen fünften Adjutanten.«

»Ja, Majestät, selbstverständlich. Das Krötenmonster ist damit verschwunden. Der Schatz ist unerreichbar, und außerdem . . .«

»*Unerreichbar*, Zdenjek, kenne ich nicht und will ich

ganz bestimmt auch nicht aus dem Mund eines Adjutanten hören. Hol den Fünften, und zwar sofort.«
»Ja, Majestät, und was macht unser Volk mit dem goldenen Ring, wenn wir den wieder für uns erreichbar gemacht haben?«
»Besitzen«, antwortete die Königin der Ameisen. »Besitzen, Zdenjek.«
Der fünfte Adjutant (eigentlich der sechste, weil Zdenjek nach seiner wunderbarlichen Rückkehr wieder erster geworden war und alle Adjutanten also wieder um einen Rang zurückgestuft wurden, was Majestät umgangen hatte, indem sie Zdenjek Zdenjek nannte und die alte Numerierung beibehielt), der fünfte Adjutant kam mit sechs schlotternden Knien herein und beugte seine Fühler vor den Füßen der Königin bis auf den Boden.
»Hast du Läuse geleckt?« fragte sie.
»Nein, o nein, Majestät.«
»Du lügst«, sprach die Königin. »Jedes Wort, das du sprichst, ist doppelzüngig. Deine Kiefer sind verklebt.«
»M . . . Majestät . . .«
»Doch nun gehst du mit auf Expedition. Dieses Mal bist du dabei.«
»Majestät!« rief Zdenjek nun ganz laut. »Expe . . .«
»Schweigt, beide. Die ganze Armee soll ausrücken, ich will den totalen Krieg, die Wiedereroberung des Schatzes.«
»Ma . . .«
»*Alle* Soldaten, Zdenjek, im Eilmarsch hinter dem Krötenmonster her. Folgt der Duftspur, umzingelt und . . .« Sie schwieg einen Augenblick, blickte den fünften Adjutanten an und fuhr fort: »Und dann gehst du drauf los, Nummer Fünf, mit Überlegung, Taktik und Finten der Kriegskunst, in denen du ja so gut bist.«

»Aber Ma . . .«
Aber Majestät duldete keinen Widerspruch mehr, überhaupt keinen Spruch, sie wünschte nur noch ein Wort zu hören, wünschte nur noch eines: den Abmarsch zu *sehen*, und zwar innerhalb einer Stunde. Sie rief ihre Träger, die sie nach draußen bringen mußten, denn den Befehl »Abmarsch« wollte sie persönlich geben.
Die Armee nahm gerade in aller Eile Aufstellung, als Majestät im Ausgang erschien. Sie blinzelte ins Licht und sah dann den Schaden, den das Krötenmonster angerichtet hatte. »Zdenjek!« rief sie.
Mißmutig eilte der Adjutant zu seiner Königin.
»Warum ist mir das nicht gemeldet worden?«
»Dazu hatte ich bisher nicht die Gelegenheit, Majestät.«
»Sorg für sofortige Behebung des Schadens. Alle Arbeiterinnen an die Arbeit. Sind die Soldaten bereit?« Zdenjek plusterte sich auf und platzte los: »*Alle* Arbeiterinnen und *alle* Soldaten, Majestät, das wird . . .«
»Abmarsch!« überschrie die Königin ihn, ganz laut: »Abmarsch!« Und die Armee der Ameisen setzte sich in Bewegung, ein endloser Wimmelbrei glänzend schwarzer Soldaten zog durch das Gras, marschierte auf den Sand des alten Ringelblumenbeetes zu.

⌘

Madame Hermine kroch schwerfällig den Misthaufen zur Höhle ihrer Schwester empor. »Was sie hier nur zu suchen hat, mit all ihrem Reichtum«, murmelte Madame, und am Eingang der Wohnung rief sie: »Cora, bist du da, Cora?«
Ein schwaches, stöhnendes Seufzen war die Antwort.
»Cora?« Madame Hermine zwängte sich hinein.
Sie fand ihre Schwester ganz hinten in der Höhle, auf

feuchten, verwelkten Blättern, mit Tränen in den Augen und einer geschwollenen Nase.
»Ich hörte, du seiest krank, also dachte ich, ich komme dich mal besuchen. Was fehlt dir denn?«
»Ooooh, die Nase, so'n Stich in die Nase, und jetzt beginnt es auch noch zu kribbeln und zu jucken.«
»Ja, ein bißchen geschwollen. Bleib nur schön liegen.«
»Es tut weh, aua, aua, und jetzt ist es schon der ganze Kopf.«
»Jaja«, sagte Madame Hermine, »liegen die Sachen hier denn auch sicher?«
»Die Sachen? Oooh, aua. Ein Brummer. Eine Schmeißfliege. Ich sah sie nicht kommen, hörte nichts, roch nichts, und plötzlich . . .«
»Wo hast du die Sachen liegen?« fragte Madame und schaute sich suchend um. »Ich meine, wo du jetzt nicht so bei Kräften bist, da wäre es doch vielleicht sicherer, wenn ich . . .«
». . . stach sie. Ich lag da und döste, da draußen unter dem Herkuleskraut, und plötzlich ein Stich, tief und scharf, au, in meine . . . Nase . . . und jetzt . . .«
»Du mußt auch nicht so unbefangen rausgehen. War's denn tagsüber?«
»Ja, am hellichten Tag.«
»Das darfst du auch nicht machen, Cora, sicher nicht in dieser Gegend. So'n Misthaufen zieht Gesindel an. Warum ziehst du denn auch nicht um? Ich begreife das nicht, mit all deinen . . . Wo liegen denn die Sachen nur?«
»Was? Was sagst du, Hermine? Ich hab so Schmerzen, ich kann fast nicht zuhören, aber es ist nett, daß du gekommen bist, und . . . auauau . . . das Gift rumort in meiner Nase.«
»Gift?«

»Das wühlt. Das beißt . . .«
»Ein Brummer? Eine Fliege hat doch kein *Gift?*«
»Wirklich nicht?«
»Glaube ich nicht, nein. Soll ich dir was auf die Nase legen?«
»Nein, nein, nicht drankommen, nicht!«
Madame Hermine kam nirgendwo dran. Sie sah auch nirgendwo etwas liegen. Ja, Krimskrams, aber nirgendwo Glitzerzeug.
»Wo hast du die Sachen versteckt, Cora?« fragte sie.
»Ooooh, wonach fragst du nur immer?«
»Das weißt du genau. Nach deinem Reichtum.«
Die Kranke stöhnte.
Madame Hermine fühlte Besorgnis in sich aufsteigen. War es wirklich ernst? »Du mußt es mir sagen«, drängelte sie. »Für den Fall, du . . .« das Wort *stirbst* wagte sie nicht auszusprechen.
»Ich werde sterben«, sagte Cora.
»Aber nein! Stell dich nicht so an! Du mußt nur deine Ringe gut verstecken. Wenn du *mich* das nun . . .«
»Ringe?«
»Und die anderen Sachen, ja.«
»Andere Sachen?«
»Markier nicht die Dumme! Die Juwelen! Du hast doch die Hälfte der . . .«
»Ooooh, o Gott, das meinst du? Kommst du deswegen, Hermine?«
»*Deswegen.* Mach kein Drama, Cora. Ich komme dich besuchen, und da denke ich dann auch an unseren Familienbesitz, um den in Sicherheit zu bringen, also frage ich einfach . . .«
»Jaja, das liegt alles sicher. Mach dir nur keine Sorgen, Schwesterlieb.«

»Sicher? Wo denn?«
»Irgendwo.«
»Ja, aber . . .«
»Ach, laß mich. Ich bin so krank. Ich hab so 'ne Schmerzen. Warum sollst du dich mit den Juwelen quälen?«
Das reimt sich, dachte Madame Hermine. Was für ein Gedanke in so einem Moment. »Cora, bitte«, begann sie laut. »Nimm dich einen Augenblick zusammen und sag mir . . .«
»Laß mich in Ruhe, Hermine. Bitte!«
»Bitte! Stell dich nicht so an, bitte. Unsere Juwelen sind doch wohl etwas wichtiger als so'n bißchen Schmerzen an der Nase, bitte. Und wenn du davon so kaputt bist, daß du mir nicht einmal antworten kannst, dann ist das erst recht ein Grund, sie mir zu geben. Denn was ist, wenn ein Dieb kommt? Ein Belagerer? Ein Räuber? Kannst du sie dann verteidigen? Ja?«
Es blieb still.
»Das scheint mir doch sehr vernünftig zu sein, wenn ich sie solange mitnehme und bei mir behalte. In meinem Palast. Wo sind sie?«
». . . Ooooh, Hermine, hör auf . . .!«
»*Wo sind sie?*«
Doch über Coras picklige Wangen kullerten nun die Tränen, und sie schaukelte ihren platten Kopf leicht hin und her, stöhnte, stöhnte, stöhnte vor Schmerzen.
»Ich sterbe«, lispelte sie. »Das Brennen steigt mir immer höher in den Kopf.«
Einen Augenblick lang betrachtete Madame Hermine ihre Schwester ungeduldig. Dann drehte sie ihr den Rükken zu und begann zu suchen.
Doch Juwelen fand sie nicht, so sehr sie auch in den Blättern wühlte und im Sand scharrte; Gestank vom

Misthaufen stieg herauf, aber das Glänzen von Gold war nicht zu sehen. Schließlich kroch Madame Hermine rückwärts nach draußen und dann zurück nach Hause. Kochend vor Wut.

⌘

Wie ein glänzender schwarzer Streifen kroch die Armee der Ameisen vorwärts über das Ringelblumenbeet. Zdenjek ging mit vier Spurenschnupperern an der Spitze, die Reihen hinter ihm wurden länger und länger: Nervöse Trippler, stramme Marschierer und murrender Pöbel in der Nachhut. »Wir wollen Läuse«, rief die Nachhut, »Läuse zum Lecken, dies Fressen ist zum Verrecken.«
Den Ton kannte Zdenjek. Murren gehört zum Soldatenleben, aber jetzt fragte er sich doch, ob das etwas zu tun hatte mit den Gatten ihrer Majestät, damals. Ein schlechter dazwischen, und schon hatte man Aufsässigkeit bei einem Teil des Volkes. Bei einem wie großen Teil?
»Halt!« rief Zdenjek.
Es war Zeit für eine Ruhepause.
»Abteilung, halt!« riefen die Adjutanten, und als Wellenbewegung ging das Befolgen des Befehls durch die Kolonne.
»Rechts um, zurück zu den Läusen!« riefen einige der Unzufriedenen. Zdenjek blickte finster. Je weiter von zu Hause weg, desto schwieriger zu lenken. Das Fehlen eigener Geruchswege macht unsicher, und Unsicherheit muß überschrien werden. Der Drang *zurück* wird stärker als die Kampfeslust *hin*.
»Männer«, rief Zdenjek, »unsere Tapferkeit ist groß. Größer als der größte Räuber. Das werden wir beweisen, nicht wahr?«
»Ja! Ja!« ertönte die folgsame Antwort.

Aber der fünfte Adjutant stand auf zittrigen Beinen.
»Die Kröte hat unseren Schatz geraubt«, rief Zdenjek. »Tod der Kröte!«
»Ja! Ja!« ertönte es noch folgsamer.
»Im Namen der Königin, vorwärts, marsch!« schallte Zdenjeks Stimme.
Doch die Königin war so fern, und ihre Autorität reichte nicht bis in die Wildnis des sandigen Ringelblumenbeetes. Langsam kamen die Soldaten in Bewegung, in Dreierreihen nun, folgten sie Zdenjek zur Mauer.
Das sahen die Bienen. »Ein Auszug«, meldeten sie ihrer neuen Königin. »Der Haufen wird verlassen.«
»Hervorragend! Endlich zeigen sie Ehrfurcht vor Hase und seinem heiligen Platz«, sprach die junge Königin der Bienen. »Das wurde auch Zeit.«
Aber andere kamen vom Honigflug mit dem Bericht zurück, am Haufen seien noch sehr viele Ameisen, und die wären damit beschäftigt, die Beschädigung zu beseitigen.
»Was denn nun?« fragte die Königin.

⌘

Baron Phaff schrak aus seinem Schlummer, als er Geschurre hinter der Tür hörte. War sie nach Hause gekommen? Er klopfte an.
»Madame Hermine? Sind Sie da?«
Sie war da. Sie fragte, was er wünsche. Eiskalt.
Baron Phaff zeigte nur den Ring.
»Was? *Sie?* Woher haben Sie den?« Die Eiseskälte schmolz und wurde zu Stahlhärte: »Das ist *mein* Ring!«
»Das ist richtig, gnädige Frau. Und ich habe mich unter Gefahr für mein Leben seiner bemächtigt.«
»Bemäch . . .«

»Um ihn Ihnen zurückzubringen, Madame Hermine, wie Sie ja sehen, jedoch . . .«
Sie starrte ihn an. Erwartungsvoll.
». . . jedoch möchte ich ihn gern über ihren Arm streifen, als Besiegelung unserer . . . unserer Eheschließung«, sagte Baron Phaff mit leicht vibrierender Stimme.
Sie starrte ihn noch fester an. Dann den Ring, dann wieder seinen Kopf, seinen weit aufgerissenen Mund. Sie rechnete und sie schätzte, sie lehnte ab und sie begehrte, und das Resultat war: »Gut.«
»Oooh . . .«, stieß der Baron aus.
»Kommen Sie herein.«
Er schob sich an ihr vorbei, betrat den gescheuerten Palastfußboden, und sie schloß hinter ihm die steinerne Tür. Schön kühl und feucht war es unter der Mauer.
»Oooh, Madame«, lispelte der Baron, den Ring hochhaltend. »Darf ich dieses Kleinod an Ihren zarten Arm . . .«
»Kleinod?«
». . . diesen großen Schatz auf ihren zarten Arm schieben, als Zeichen unseres innigen Zusammenseins . . .«
Er tat es, und Madame schaute wohlgefällig zu, warf ihm dann jedoch einen mißbilligenden Blick zu, weil er den Ring zu hoch schob.
»Jaja, ich danke Ihnen, Baron.« Sie streifte den Ring wieder ab, drehte sich um und ließ sich auf den Bauch nieder. »Sie können mich jetzt ehelichen.«
Baron Phaff erstarrte.
»Madame«, sprach er heiser. »Hermine, Liebling doch nicht *hier*? Auf dem Fußboden des Palastes?«
»Und warum nicht?«
»Weil . . . weil . . . das muß im Wasser . . . Dort wird eine Ehe vollzogen, oder! In unserem nassen Element.«
»Ach, Unfug.«

»Aber, gnädige Frau, wir Kröten, wir haben uns unter Wasser einander zu geben, nicht hier auf dem Trocknen, als ob . . .«
»Als ob?«
»Als ob wir . . . schnell, schnell . . . als wären wir unbeherrschte Hitzköpfe.«
Madame Hermine, die auf dem Fußboden lag, seufzte: »Baron Phaff«, sagte sie, »sparen Sie sich ihre Romantik. Sie können mich hier an Ort und Stelle heiraten. Jetzt oder nie!«
Der fünfte Adjutant zögerte, und Zdenjek gab ihm noch einmal einen Schubs. »Los, Majestät hat es befohlen: Geh rein und denk dir eine Kriegslist aus.«
»Ja, aber . . .« fing der fünfte Adjutant lamentierend an, »ja, aber ich . . .« Verschlagen schaute er sich um. Die Armee der Ameisen war bei der Mauer angekommen und bildete vor der Tür des Krötenpalastes einen Halbkreis. Der starke Geruch drang durch die Türritzen: Das Monster saß dahinter, und der fünfte Adjutant sollte drauf los.
»Ja, aber ich . . . ich bin kein . . . ich bin Träger, Königinnenträger, kein Adjutant«, stieß der fünfte Adjutant endlich ratlos hervor.
»Aha!« brüllte Zdenjek so laut, daß alle Soldaten ihre Ohren spitzten. »So ist das! Du hast die ganze Zeit nur einen Adjutanten markiert! Als Liebling der Königin, he? Mit genau ausgedachter Speichelleckerei!«
»Nein, nein! Sie hat mich . . . die Königin selbst hat mich ernannt.«
»Soso?« rief Zdenjek mit grimmiger Schadenfreude. »Soso! Dann mußt du aber auch Adjutant *sein* und reingehen. Und das Monster schlagen. Denn ein echter Adjutant kennt keine Furcht, Nummer Fünf.«

Die Soldaten begannen zu rufen: »Nummer Fünf rein! Nummer Fünf rein! Nummer Fünf rein!« Man schob ihn auch vorwärts, und der Spalt unter der Tür war tatsächlich breit genug für ihn.

⌘

»Zu groß, er wird viel zu groß. Der Junge ist nicht normal.« Das schrie Frau Spatz über das Nest hinweg ihrem Mann zu, der dem Jungen gerade eine haarige Raupe in den weitaufgerissenen Schnabel schob. »Er wächst und wächst und wirft sie alle aus dem Nest. Jetzt fehlen schon zwei. Zwei! Ich hab nur noch zwei übrig, zum Füttern. Und du den einen, den dicken, fetten, plumpen Vielfraß, und du hast auch für nichts anderes mehr Augen. Oooh, wie habe ich dich jemals heiraten können, du mit deinem Getue, erst alles für Hase, und jetzt alles für den Fettsack. Aber für alles andere bist du blind, stockblind!«
Herr Spatz blieb ruhig. »Sorg nur dafür, daß du die beiden gut fütterst«, sprach er.
»Pah!« kreischte sie. »Pah! Pah! Du kotzt mich an!«
Das gab ein ganz schönes Tschilpen in den Zweigen. Die Blüten wurden langsam braun und fielen eine nach der anderen ab, aus dem verlockenden Duft wurde der Gestank der Fäulnis, und neben der frischen blaßrosa Spatzenleiche lag die alte und verfaulte im Gras.
»So ist das Leben«, hatte Herr Spatz gesagt. »Leider, so ist es nun einmal.«
»Und was sagt dein Hase wohl dazu?« hatte Frau Spatz höhnisch gefragt. Doch eine Antwort hatte sie auf die Frage nicht bekommen. Nein, die Ehe . . .

⌘

So hatte Baron Phaff sich die Ehe nicht vorgestellt. »Aber Hermine, meine Liebe«, begann er vorsichtig, »du kannst doch nicht so ... so banal ...«
Mit einem Schrei sprang sie auf. »Eine Ameise! Ich fühle sie krabbeln. Auf meinem Rücken! Igittigitt! Ich hasse Ameisen, Phaff, tu etwas!«
Baron Phaff streckte seine Krötenhand aus und fuhr Madame über den Rücken, streichelte sie.
»Zerquetsche sie, Phaff! Mit deinem Körper!«
Das machte ihn nervös, zwei Dinge gleichzeitig zu tun. Ameisen? Schon wieder? Und auch noch auf Madames Rücken? Uh ...«, sagte er.
»Igittigitt!« schrie Madame, »da sind noch mehr. Ich rieche sie. Hier wimmelt es von Ameisen, Baron Phaff!«
Doch der Baron war sprachlos, und er blieb es, während Madame auf langen Beinen zur Tür ging und die öffnete. Und sie schrie: »Phaff!«
Er sah das Gewimmel der Ameisenarmee, die in schnellem Marsch angerückt kam.
»Zwei Monster!« schrie Zdenjek, und einen Augenblick war er überrascht über die kluge Kriegskunst des fünften Adjutanten, die scheinbar bewirkt hatte, daß die Kröten zum Vorschein kamen. Aber er vermißte das goldene Schmuckstück.
»Der Schatz!« rief er. »Sucht den Schatz!«
Die Armee stürzte sich durch die geöffnete Tür in den Palast. Da lag der goldene Ring, mitten auf dem gescheuerten Fußboden. Die beiden Kröten wurden einfach überrannt, so daß es aussah, als trügen sie Jacken aus lebendigen Ameisen.
Baron Phaff stöhnte. »Nicht schon wieder, nicht schon wieder«, denn das Gift vom letzten Mal brannte noch in den Bißwunden an seinem Körper.

Madame Hermine kreischte: »Ins Wasser, ins Wasser!« denn nur dort konnte man das kribbelnde Geschmeiß loswerden.
Mitten durch die Armee bahnten sich die Monster einen Weg, gingen quer über das alte Ringelblumenbeet, über die kleine Wiese, und dann plumpsten sie nacheinander in den Teich.
»Hermine, ach Hermine«, quakte der Baron schmatzend. »Jetzt sind wir doch ... tut es weh, Hermine? Haben sie dich gebissen? Mein armer Liebling, laß mich ...«
Aber Madame schwamm mit energischen Zügen von ihm weg. »Hermine, laß mich dich ...« Der Baron verfolgte sie. Er wollte die Ehe. Hier im Wasser wollte er Hermine ganz und gar besitzen, für den Rest seines Lebens. Er schwamm und schwamm, der alte Baron, und Kneis ekelte sich davor. Das schmierige Krötenvolk, dachte er, sollten die ihre schmutzigen Spielchen doch im Trocknen treiben und nicht in meinem sauberen Teich. Aber er sagte nichts. Er mümmelte weiterhin am Stengel der Wasserrose. Er fühlte sich sehr einsam – mit diesem Treiben in seiner Nähe noch mehr als zuvor.
Die Ameisen hatten ein Lindenblatt unter den Ring geschoben, und mit dreiunddreißig Trägern konnten sie ihn tatsächlich anheben.
»Marsch!« befahl Zdenjek.
Der Rückweg mit den Schatz wurde beschwerlich. Und die Drohne Sbero war die erste, die die Kolonne entdeckte. Sie machte ihrer Königin Meldung.
»Was denn nun?« sagte die Königin der Bienen wieder. »Gehen sie zurück zu ihrem Haufen? Nun, da Hase bald kommen wird? Führt den Krieg! Vertilgt das Ameisenvolk!«

»Jawohl, Majestät«, antwortete Sbero.
Doch Bienen haben keine Armee, keine Soldaten und keine Adjutanten, und Ameisen sind für sie keine Feinde, die mit dem Stachel erstochen werden können.
»Also wegblasen!« befahl die Königin.
So flogen die Drohnen denn in dichtem Schwarm zur Ameisenarmee und gingen dort laut summend bis dicht über die Träger des Ringes hinunter. Das gab einen Windstoß, der das Lindenblatt unter dem Ring wegblies und die Träger ins Gras warf.
Zdenjek schrie! »Deckung!«
Doch das half nicht viel.
Die Läuselecker in der Nachhut schrien vor Angst. Aber das änderte gar nichts.
Wie ein Wirbelsturm fegten die Drohnen über die langen Reihen der Ameisensoldaten hin und her; die wurden auseinander getrieben, doch in ihrer Panik rannten alle in die gleiche Richtung: Nach Hause, zu ihrer Basis, zum Haufen. Und das wollten die Bienen ja gerade verhindern.
»Zurückblasen!« rief Sbero. »In die andere Richtung!«
Es wurde eine schwierige Feldschlacht, denn der Bienenschwarm konnte nicht überall gleichzeitig sein, und wo er gewesen war, begannen die Ameisen sofort wieder in die andere Richtung zu rennen.
Bis zum Abend blieb der Kampf unentschieden; dann machte die Dunkelheit die Ameisen unsichtbar für die Bienen und trieb die zurück in ihren Korb.
Die Königin der Bienen war sehr ungehalten über die Nachricht.
»Nachricht?« rief sie. »Was ist das für eine Nachricht, wenn kein Sieg zu melden ist? Dieser Krieg ist heilig und wird darum gewonnen werden. Verstanden?«

»Jawohl, Majestät.«
»Ich fordere den Sieg morgen vormittag ... und die Vernichtung des Haufens!«
»Jawohl, Majestät.«
Auch die Königin der Ameisen kochte vor Wut. »Verloren?« rief sie. »Unterwegs verloren? Nachdem er von dem Krötenmonster erbeutet worden war?«
»Von *mir!*« rief der fünfte Adjutant. »Und da waren *zwei* Krötenmonster!«
»Lügner!« schrie die Königin, und im gleichen Atemzug fragte sie Zdenjek: »Ist es wahr, was er sagt?«
»Zdenjek zögerte. »Zwei Kröten, ja«, antwortete er.
»So!« schrie Majestät den Fünften an, »wenn du so tapfer bist, geh hin und hole den Ring zurück. Heute nacht. Im Dunkeln sind keine Drohnen in der Luft. Und du nimmst mit, wen du willst. Zdenjek, folge seinen Befehlen!«
»M ...«

⌘

Im Dunkeln verließ der Fledermausvater durch die halboffene Tür den Schuppen und begann, einsam seine Achten zu fliegen, ohne den »Ja, Vater« sagenden Sohn. Und im Dunkeln krochen die Nachtfalter aus ihrem Versteck im Wegereich, nicht länger bedroht vom sengenden Licht, und suchten einander, um sich weiter zu streiten, anzumaulen, anzuschmachten und zu begleiten. Endlich hielt auch das fünfte Spatzenjunge seinen Schnabel geschlossen und schlief, während seine Eltern sich flüsternd über ihn unterhielten. Und am südlichen Himmel neigte Arkturus sich schon gen Westen, während der Drachen hoch im Norden seinen fauchenden Kopf auf Wega gerichtet hatte, und der Bär mit nach vorne gestreckten Tatzen nach unten sprang.

Wüßte ich nicht ganz genau, daß er wiederkommen wird, würde ich mich aufhängen, dachte Fledermausvater, der geräuschlos umherflatterte und vor dem Vogelkirschbaum plötzlich abschwenkte. Morgen abend vielleicht schon, oder übermorgen, oder überüber . . . auf alle Fälle, bevor Arkturus schon vor der Abenddämmerung am Horizont steht. Jedoch er wußte nicht, wen er meinte, seinen Sohn oder Hase.

»Das Wasser!« jammerte Sis. »Zeig mir das Wasser.« Immer noch stockblind vom Tageslicht, in das sie gestarrt hatte, bahnte sie sich mit bebenden Flügeln einen Weg durch den Wegerich; und dank ihres Gejammers konnte Sus sie finden.

»Komm mit, Sis.«

»Das Wasser! Ich geh ins Wasser!«

»Komm mit, sage ich dir.«

»Ich kann nicht länger leben, keinen Flügel mehr schlagen, ohne *ihn*.«

»Unsinn.«

»Warum kommt *er* nicht? Oh, warum kommt er nie und nimmer?«

»Hier!« rief Zorobab mit rauher Stimme. »Hier bin ich schon. Komm her.«

Er ergriff Sis bei einem Flügel, Sus nahm den anderen, und so wurde der lebensmüde Nachtfalter zum Schuppen getragen.

»Überlasse sie nur mir«, sagte Zorobab zu Sus. »Unsere Ehe ist vorbei, habe ich gesehen, du hast die Eier schön ordentlich gelegt. Tschüß, also.«

Sus ging, aber Sis schrie: »Neieiein!«

»Du wolltest doch sterben?« sagte Zorobab.

»Jaaa!« kreischte Sis.

»Komm her!« Zorobab besprang sie mit großer Kraft,

und Sis fühlte den Tod in sich eindringen, herrlicher Tod, stoßend und keuchend überfiel er sie, und dann wurde ihr schwarz vor Augen. Später schlug sie die Augen auf und rief: »Ich bin neu geboren! Wo ist er?«
»Hier bin ich«, sagte Zorobab.
»Ich meinte Hase.«
»Hase? Ach, Jammerlieschen, deine Kinder werden Hase sehen. Wenn du so weit bist und legen mußt, tu's dann neben die Eier deiner Schwester Sus. Dann wirst du Tante und Mutter zugleich.« Zufrieden verließ Zorobab den Schuppen, flog in die schwüle Frühlingsnacht.
In sehr, sehr tiefe Gedanken versunken blieb Sis zurück. Und Baron Phaff, endlich auf dem Rücken von Madame, flüsterte ihr zu, daß die Liebe in so fortgeschrittenem Alter ein Geschenk von Hase sei.
»Und dafür bin ich sehr dankbar. Du auch?«
»Hau ab«, schnauzte Hermine ihn an. Das Gequassel über Hase ging ihr auf die Nerven.
»Wenn er noch eines rausschmeißt, bring ich ihm um«, zischte Frau Spatz wütend ihrem Mann zu.
»Dein eigenes Kind!« antwortete er vorwurfsvoll.
»Die anderen sind auch meine eigenen Kinder«, zischte sie im Flüsterton. »Und deine!«
»Aber dieser . . .«, begann er.
»Dieser! Dieser! Dieser?« rief sie laut. »Du hast immer was. Erst war es Hase, und nun ist es . . .«
»Schweig, Frau!«
»Ich schweige *nicht!* Und dein Hase ist übrigens überhaupt nicht mit dem Gang der Dinge einverstanden. Daß du das nur weißt.«
»Hase . . .? Wie . . .?«
»Ich habe ihm alles erzählt. Genau so wie's gegangen ist. Und immer noch geht.«

»Ihm? Du meinst Maulwu . . .«
»Hase. Dort im Gras. Der Maulwurf heißt, jawohl.«
Das Junge wurde mit weit aufgerissenem Schnabel wach, schüttelte sich kurz und schlief wieder ein.
»Du begreifst immer noch nichts«, begann Herr Spatz, aber Frau Spatz überschrie ihn schnippisch: »Ich verstehe sehr gut, ich begreife nur zu gut, ich verstehe mehr als du denkst. Wenn du das nur weißt.«
»Wissen, wissen, wissen, ihr müßt wissen«, so wurde den neugeborenen Bienen zugeflüstert. Auch in der Stille der Nacht wurde der Unterricht fortgesetzt, tief im Korb, wo die Bienen saßen. »Wissen, daß der Garten der Garten ist und begrenzt wird durch die Mauer, innerhalb derer die Ordnung ist, so daß Blume bei Blume ihrer Art steht, und die Ordnung ist Hase, dessen Platz tabu ist und darum von Besudlern befreit werden muß.«
Doch die Drohnen schliefen, um morgen früh fit zu sein, fit für den heiligen Krieg. Denn Hase war im Anmarsch. Sbero hatte ihn gesehen, jenseits der Mauer, er würde sehr bald zurückkehren. Und das war ganz bestimmt wahr, denn Sbero hatte Hase mehrfach gesehen. Wohl fünffach, meinte man.

⌘

»*Ihr müßt da weg.* Das waren ihre letzten Worte, Majestät. *Weg, w* . . . Sie starb mit dem W auf den Lippen, Majestät. Das habe ich Ihnen noch nicht eher berichten können, aber jetzt . . .« Zdenjek schwieg, denn die Königin der Ameisen machte mit der Hand eine wegwerfende Bewegung.
»Komm, komm«, sagte sie geringschätzig. »Altweibergefasel einer Königin, die keine Macht mehr über ihr Volk hat. Das ist es, Zdenjek, mehr nicht. Man muß Biene sein

und Bienen regieren! Ich selbst würde davon stupide werden und mir so etwas wie Hase ausdenken. Denn weißt du, was sie damit eigentlich bezwecken, Zdenjek?«
Majestät blickte ihren tapferen Adjutanten scharf an.
»Ja, Majestät, also nicht«, antwortete Zdenjek zackig.
»Nun ja, wir lassen uns durch Hirngespinste nicht vertreiben. Ist der Fünfte schon unterwegs?«
»Das ist mir nicht bekannt, Majestät.«
»Nicht be . . . *was*?«
Nun, der fünfte Adjutant, beauftragt mit dem Oberbefehl über die nächtliche Expedition zur Wiedererbeutung des Ringes, hatte Zdenjek ausgeschlossen. Ein Schwächerer verträgt keinen Stärkeren unter sich, und außerdem brauchte er ja nur Soldaten und Träger. Er mußte versuchen, Freiwillige zu finden, aber die Soldaten hielten sich im Stall auf und labten sich an den Läusen. Dort herrschte ein abstoßendes Gedränge gierig leckender Soldaten und ängstlich piepender Läuse. Der fünfte Adjutant konnte sich Gehör verschaffen. Sein Aufruf wurde mit rohem Gelächter beantwortet.
»Prahlhans«, riefen sie ihm zu, »Prahlhans fünf, geh du nur alleine. Die beiden Kröten schaffst du auch alleine!«
»Das ist ein Befehl!« schrie der fünfte Adjutant.
»Hör ihn piepen. Könnt glatt 'ne Laus sein!«
»Igitt, da ist mir 'ne grüne aber lieber!« rief einer. Damit erntete er schallendes Gelächter, und in der Ecke schrien sie: »Geh ihn doch selber holen, bist doch ein Träger. Oder etwa nicht?«
»Königinnenträger ist er!«
»Na bitte, dann muß er das Ding auch tragen können, statt hier rumzustehen und uns kommandieren zu wollen.«
»Schmeißt ihn raus!«

Der fünfte Adjutant zog sich von selbst zurück vom schmatzenden Pöbel. Niemand wollte mit ihm gehen, er hatte nicht den Autoritätsgeruch; nur die anderen elf Königinnenträger wollten ihn begleiten und versuchen, im Dunkel der Nacht den schweren Schatz zurück zum Hügel zu schleppen. Sie konnten den Weg zwar riechen, aber die Dunkelheit draußen fanden sie beängstigend und nicht beschützend, wie in ihrem Hügel, und die Geräusche der Nacht waren ihnen fremd, sowohl die schrillen Pieptöne, die der Fledermausvater bei seinem Flatterflug ausstieß als auch die Redensarten, mit denen Zorobab gegenüber Sus mit seiner Eroberung ihrer Schwester Sis prahlte.
Aber die zwölf Träger marschierten tapfer weiter, der Befehl ihrer Königin war ihnen Ansporn genug. Sie fanden den Ring, konnten ihn aber mit ihren zwölf Kieferknochen nicht halten; zerren und zurren würde vielleicht gehen, aber da erinnerte sich der schlaue Fünfte an das Lindenblatt.
Nach langem Suchen fanden sie ein zu früh vom Baum gefallenes und vergilbtes Lindenblatt. Es gelang ihnen mit großer Mühe, das Blatt unter den Ring zu ziehen; dann stellten sie sich in gleichmäßigen Abständen zueinander um das Blatt herum auf, bissen zu – und konnten es tragen. Zum Hügel mußten sie, aber der Morgentau hatte die Duftspuren verwischt, und so quälten sie sich in Richtung zum Teich. Da war der Duft, den der fünfte Adjutant erkannte: Die Krötenmonster. Da war Baron Phaff auf dem Rücken seiner Madame Hermine, die er immer noch umklammerte, in Schlaf gefallen, und da schoß Madame hoch, denn sie sah ihren goldenen Ring vorbeikommen.
»Los!« rief sie. »Laß mich los!« Sie versuchte sich freizu-

wühlen und zum vorbeischiebenden Lindenblatt zu kommen.
Doch der Baron brauchte einige Zeit, um aus seinen seligen Träumen zu erwachen. Und dann erschien auch schon der erste Drohnenschwarm auf dem Kriegspfad; noch gab das Licht dem Gras kaum Farbe, so früh war es.
»Da!« schrien sie summend und kamen über dem Blatt im Sturzflug herunter.
Vor Hermines Augen wurde das Blatt weggeblasen, in den Teich, aber der Ring fiel runter und blieb am Ufer liegen, in ihrem Handbereich. Sie streifte ihn sofort über. »Na bitte«, dachte sie. »Und mein Mann kriegt die Stiche, denn ich liege unten.«
Doch die Drohnen stachen nicht, sie hatten kein Auge für den Ring oder die Kröten, sie führten Krieg gegen die Ameisen. Von denen hatten sie immerhin zwölf fortgeblasen, ins Wasser. Das mußte der Anfang vom Sieg sein. Die erste Feldschlacht. Oder Seeschlacht.
Die zwölf Königinnenträger waren tatsächlich mit dem Lindenblatt weggeblasen worden, denn ihre Tragkiefer hatten sich noch ins Lindenblatt verbissen. Aber im Wasser ließen sie los und krochen auf das Blatt, wie auf ein Floß. Und nun trieben sie mitten auf dem Teich, zwölf Ameisen, durch feindliches Wasser ringsumher von ihrem Volk abgeschnitten. Und im Wasser Kneis.
Ein zorniger Kneis, dem vom nächtlichen Herumwühlen der beiden schleimigen Kröten in seinem Wasser noch ganz schlecht war. Und jetzt die Fädchen. In seinem Wasser trieben sie. Fädchen mit Eiern, die Hermine während des Liebesspiels mit dem Baron gelegt hatte (denn so geht das bei den Kröten), und aus denen schwarze Kaulquappen zum Vorschein kommen sollten. Bah! Wiewohl, grübelte Kneis, wiewohl . . . Das heißt,

ich kriege Gesellschaft. Wenn man sich über den Gedanken hinwegsetzt, dann ... Er schwamm nach oben, um doch einmal ganz vorsichtig mit der Nase dagegen ... Ach nein, er happte lieber ins Lindenblatt, das gerade heruntergefallen war. Er happte und gab dem Blatt einen Kopfstoß – und dann fiel etwas herunter, das mit strampelnden Beinchen in die Tiefe sank.

»Happ«, machte Kneis.

Er hatte noch nie eine Ameise gekostet. Ein neuer Geschmack. Herzhaft.

Er gab dem Blatt noch einen Kopfstoß.

Doch die elf übriggebliebenen Königinnenträger waren nun darauf vorbereitet und hielten sich fest.

»Männer, haltet euch fest!« rief der fünfte Adjutant. Er gab seinen Befehl, nachdem die Männer schon genau das getan hatten, was er nun anordnete. »Und beobachtet den Luftraum«, fügte er hinzu.

Doch die Drohnen umschwärmten nun den Ameisenhaufen, griffen an, obwohl dort überhaupt keine Bewegung festzustellen war. So blieb ihr Blasen denn auch sinnlos.

Madame Hermine hatte es geschafft, den Baron abzuschütteln und watschelte nun nach Hause, den goldenen Ring stolz über den Arm gestreift. Baron Phaff trottete hinter ihr her, aber sie würde ihn nicht hereinlassen, den alten Schmachtlappen.

Nie mehr!

7
Von Tod und Wiederkehr

Vom Vogelkirschbaum waren alle Blüten abgefallen, das Gras sah weiß aus von den Blütenblättchen, und darin lagen vier rosa, nackte und tote Vogelkinder, hinausgeworfen worden aus dem Nest des Spatzenehepaares. Das fünfte Junge war noch oben im Nest, dick und groß, es kroch schon auf den Rand und begann zu flattern und mit seltsamer Stimme zu schreien.

»Das gehört nicht zur Familie«, sagte Frau Spatz.

Aber Herr Spatz rief: »Komm, Junge, komm nur, gut so«, und strahlte vor Stolz.

»Er ähnelt keinem von uns beiden«, sagte Frau Spatz.

»Er ist besser«, sagte Herr Spatz. »Besser als du oder ich. Na los, Junge, gut so. Schlag sie nur schön weit aus.«

Das dicke Kind wippte auf dem Zweig, versuchte seinem Vater zu folgen, verlor das Gleichgewicht und fiel wie ein Stein – doch die Flügel schlugen wie von selbst, flatterten, und das Junge landete im Gras. Auf seinen Beinen. Laut schreiend zwischen den beiden Maulwurfshaufen.

»Sehr gut, hervorragend, großartig!« rief der Vater, aber die Mutter blieb im Baum sitzen und schaute überhaupt nicht mehr hin. Seltsam, seltsam, alles ist so seltsam, grübelte sie. Frau Spatz heiße ich, bin in allen Ehren verheiratet, aber innerlich bin ich leer. Keinen Mann und kein Kind habe ich da, aber die Schmerzen davon. Brüten, wie viele Tage habe ich gesessen? Und jetzt sind alle weg, oder tot, oder beides. Der da unten sitzt da und brüllt, plumper Fettsack, der läßt mich kalt. Innerlich. *Kalt* reimt sich auf *bald.* Bald kommt er, der Erdaufwühler, der Maulwurf heißt und Hase ist. Wie schön habe ich mir alles vorgestellt, bevor es anfing. Alle werden es sich wohl schön vorstellen, bevor es anfängt, glaube ich. Schön, aber wenn es so weit ist, ist es alles andere als schön. Kalt ist dann alles, Leer. Öde. Schnöde. Sollte

Hase womöglich deswegen so schön sein, Hase, Hase, Hase, weil er nicht da ist? Und darum nie anfängt, nie kommt? Und darum also schön bleibt? Denn Maulwurf, das ist einfach Maulwurf und nicht Hase, das habe ich kapiert und eingesehen und leider zugeben müssen – vor mir selbst –, aber jetzt glaube ich, daß Hase auch ganz einfach Hase wäre, wenn er hier wäre, und daß mit ihm und durch ihn auch alles nur kalt wäre. Die kalte Welt. Wie komme ich nur so ins Grübeln? Wenn er nun wüßte, daß ich hier sitze und grüble, über die kalte Welt, den Rücken ihm und seinem Kind zugedreht, was würde er denken?

»Aber Liebste!« würde er denken. Aber was ist Liebe! In einem Leben ohne Hase, ist da Liebe möglich?

Frau Spatz flog auf, einfach nur so und ohne Grund, flog zum Ufer des Teiches und nahm drei Schlucke Wasser, die sie einen nach dem anderen mit nach hinten geneigtem Kopf runterschluckte. Ihre Bewegungen verursachten kleine Wellen, die ein im Wasser treibendes Lindenblatt ins Schaukeln brachten. Das Blatt der Wasserrose war fast bis an die Oberfläche gewachsen, saß aber noch – taufrisch – aufgerollt am Stengel. Kneis mümmelte und sabberte und schnatzte daran herum, als müsse er es öffnen.

»Frau!« rief Herr Spatz. »Schau dir doch mal unseren Sohn an!«

»Ja«, antwortete Frau Spatz, »ganz großartig«, dabei pickte sie eine Ameise vom Lindenblatt, das nun dicht am Ufer trieb. Das tat sie aber nur, um sich nicht nach den beiden umsehen zu müssen, die das Kalte noch kälter machten.

Die Brennessel waren nun schon so hoch, daß von der halboffenen Tür des Schuppens kaum mehr als die obere

Hälfte zu sehen war. Wie vorrückende Soldaten drangen die Brennesseln in den Schuppen, wurden immer größer und höher und füllten ihre Reihen immer mehr auf, die Vorhut sterbend und im Halbdunkel spukartig blaß aussehend, aber was wissen die Tapferen, die nachrücken, von der Erstickungsgefahr da drinnen?

Still und bewegungslos, wie ein vergessener Regenschirm, hing Vater Fledermaus hoch oben an seinem Platz und dachte über den Gang der Dinge nach. Schon gut, dachte er, schon gut so. So wie alles ist, ist es wohl gut, meine Ruhe, mein Alleinsein, mein Sterben. Lebwohl, Sohn, dachte er, mit deiner lieben Flederinchen in fernem Land, verbotenem Land, jenseits der Mauer, aber das ist gut, weil es so ist wie es ist. Denn wenn einem die Glieder steif werden, wird das Denken geschmeidig und erkennt, daß auch das Verbot eine Seele ist, die von der einen Hülle in die andere wandert. Was mir nicht paßt, paßt meinem Sohn, und ich hänge hier, ausgezehrt durch mein eigenes Leben, und sehe durch die Gartenmauer hindurch, daß er dort draußen sucht, was ich hier drinnen finden werde. Bevor ich sterbe, wird Hase erscheinen, er kommt zurück, vielleicht um mich zu holen, denn was man glaubt, das geschieht. Jedenfalls wenn der Glaube rein ist und nicht vermischt mit Hoffnung. Oder mit Liebe? Liebe? Ach, dachte der Vater, das ist doch nichts anderes als die Kraft, die eine Fledermaus treibt.

Unter einem Blatt der vordersten Brennessel saß Sis mit züchtig zusammengefalteten Flügeln, gut verborgen vor dem Licht und der Glut des Tages; sie dachte an die Glut, die Zorobab in ihr entfacht hatte, mit seinem Stachel, mit dem sie erstochen worden war, bis sie den Schrei des Lebens ausgestoßen hatte. Bei dem Gedanken daran zitterte sie jetzt noch.

Doch Zorobab war gar nicht im Schuppen. Sus auch nicht.
Heute abend, dachte Sis, heute abend werde ich sie legen. Aber nicht neben die Eier von Sus. Meine lege ich an den Platz von . . .
Es war das erste Mal, daß sie wieder an Hase dachte, seit Zorobab sie begattet hatte.
Die Königin der Bienen hatte siebzig Eier gelegt, seit sie regierte, oder siebenhundert. Die Zahl sagte ihr nichts mehr. Ihr Name auch nicht. Niemand nannte sie mehr Kesse, sie hieß Majestät mit Vornamen und Majestät mit Nachnamen. Aber tief im Inneren nannte Kesse sich immer noch Kesse. Auch in ihrer Zelle mit den doppelten Wachswänden, wo sie ihr geheimes Murmeln abhielt. Das konnte niemand hören, und das durfte auch niemand hören, denn das waren Staatsgeheimnisse.
Der heilige Krieg gegen die Ameisen führte zu nichts. Der war sinn- und zwecklos. Einen Ameisenhaufen kann man nicht wegblasen, das hatte sich gezeigt. Die Ameisen selbst ließen sich so gut wie gar nicht sehen (zwei erstochene am Eingang des Hügels und eine totgebissene im Gras beim Teich, eine zufällig erwischte, weit von zu Hause weg verirrte), welchen Zweck konnte der Krieg da noch haben? Nein, Kesse, die größte Sorge, und darum geht es ja auch und darum dreht sich ja auch alles, und da weiß niemand Rat, und darüber *weiß* eigentlich niemand überhaupt etwas, das ist Hase. Ja, Hase. Gib's zu. Im ganzen Korb ist der Traum von Hase förmlich zu riechen, eine Hinterlassenschaft der Vorigen, der vorigen Königin, der vorigen Arbeiterinnen, Honigsammlerinnen, Ammen, der vorigen Drohnen, aller vorigen.
Hase, Hase, Hase, der Große, der Starke, der Alleinherrscher mit seiner Ordnung, und die Frage, wo er ist, wo er

bleibt, wann er zurückkommt, die Frage riechen wir tagtäglich, aber was hat das genau zu bedeuten? Kesse, was würdest du tun, wenn du Königin wärst? Ich *bin* die Königin, also *muß* ich etwas tun, aber *was* muß eine Königin tun, mit Hase, der da ist ohne dazusein?
Dafür sorgen, daß er *tatsächlich* da ist.
Wie?
Tja. Ihn holen.
Holen? Wo? Woher?
Von jenseits der Mauer.
Ist er denn dort?
Tja. Wenn man Sbero glauben kann?
Sbero, ja, der hat gesagt, er hätte ihn gesehen. Mehr als einen Hase.
Na ja, was das schon zu bedeuten hat. Man sollte Sbero noch einmal erzählen lassen . . . Nein, Sbero soll gehen, alle Drohnen sollen gehen, alle Drohnen, um Hase hierher zu bringen. Natürlich, die Nichtsnutze, dann tun sie etwas. Werden sie Vielnutze. Eine Idee. Idee, Königinnenidee!
Hervorragend, Majestät!
»Jawohl, Majestät«, sagte Sbero, nachdem ihm der Plan in der geheimen Zelle unterbreitet worden war.
»Und denk daran: Unauffällig. Nicht alle gleichzeitig. Eine Expedition über die Mauer, wenn die bekannt würde, die würde Unruhe unter dem Volk verursachen. Nur ihr neun, verstanden?«
»Jawohl, Majestät.«
»Und wenn auch nur etwas davon durchsickert, ist euch der Stachel gewiß. Verstanden?«
»Jawohl, Majestät.«
»Geh!«
Hervorragend, Kesse, ein hervorragender Plan, glänzend

ausgedacht, es sei denn, da sickert was durch. Aber das Risiko muß ich tragen, muß eine Königin tragen, nicht wahr, Kesse? Und die neun, wenn die vermißt werden und man kommt und fragt, wo die sind, dann sage ich: Geheime Mission im Zusammenhang mit dem heiligen Krieg. Haha, schneidet das Messer mit beiden Seiten, denn der Krieg gegen die Ameisen ... wenn sie Hase zurückbringen, denke ich mir, wenn er zurückkommt, Hase, wer oder was Hase denn auch sein mag, was ist dann mit seinem heiligen Platz? Dem Ameisenhaufen? Nicht dran gedacht. Oder kann Hase selbst den Berg entfernen, mit Ameisen und allem Drum und Dran? Oder wird er ärgerlich? Ärgerlich auf wen? Auf uns? Können *wir* etwas dafür, daß die Ameisen ... Ärgerlich auf die Ameisen wird er! Natürlich, Hase wird unser Bundesgenosse im heiligen Krieg! Klasse, Kesse! Der Doppelplan ist keß und klug. Ja, die doppelkluge kesse Kesse. Majestät. Majestät. Majestät.

⌘

Die Königin der Ameisen hatte siebentausend Eier gelegt, seit sie aus schwindelerregender Höhe in den Garten gekommen war. Genau gezählt. Aber viel war nicht damit los, mit ihrem Volk. Keine Kämpfer. O nein! Stubenhocker, jetzt, wo das Bienenvolk dauernd über dem Hügel herumsummte, hatten alle höllische Angst vor dem albernen Hokuspokus, sogar Zdenjek, aber einen kostbaren Schatz verlieren, was sage ich, sich abnehmen lassen, das können sie. Jemand von *meinem* Volk, aus *meinem* Gelege, aus *meinem* Körper, läßt sich etwas abnehmen! Abnehmen! Ich hätte mich nie befruchten lassen dürfen, jedenfalls nicht von den Schlappschwänzen. Abnehmen! Und einen danach auch noch

blöde anglotzen, wenn sie's erzählt haben. Hätten sie sich ihr eigenes Gift gespritzt, das wäre ja noch so etwas wie eine *Tat,* aber stehenbleiben und weiterleben . . . Ich muß Maßnahmen ergreifen und Zdenjek . . . was sagte Zdenjek auch wieder, wir müßten hier weg, denn Hm, Hm, Hm würde kommen mit Macht und Autorität, das hätte die alte Schachtel gesagt, als sie ihren letzten Atem ausblies. Hm, Hm, Hm würde kommen. Hase, richtig: Hase, der Gewaltige. Der würde kommen. Mit Macht und Autorität. Das hoffe ich. Das möchte ich sehen: Etwas Nichtbestehendes kommt. Mit Macht: Gern! Aber was tu ich bis dahin? Warten? Nichts tun und warten? Bis meine zwölf Träger sich wieder sehen lassen? Selbstverständlich ohne Ring? Oder sich überhaupt nicht mehr sehen lassen? Was habe ich dann nur an . . .
»Zdenjek! Zdenjek, komm sofort hierher! Wo ist Zdenjek? Geh Zdenjek holen, sofort!«
Die Angst in ihren Augen! Die dumme Angst, ganz hervorragend ist das.
»Zdenjek, wo sind meine zwölf Träger?«
»Im Anmarsch, Majestät.«
»Mit dem Ring?«
»Das hoffen wir, Majestät.«
»Hoffen? Hoffen? Wieso? Kannst du das nicht sehen?«
»Jawohl, Majestät, das kann ich nicht sehen.«
»Ach nein? Aber wohl, daß sie im Anmarsch sind?«
»Auch das hoffen wir, Majestät.«
»Hoffen! Schon wieder! Bist du eine *Ameise,* Zdenjek?«
»Jawohl, Majestät. Wünschen Sie, daß ich sie suchen gehe?«
Er streckte seine gewölbte Adjutantenbrust vor.
»Nein, Zdenjek, ich wünsche, daß du mich trägst. Die zwölf Lümmel brauche ich nicht mehr. Das mußt du

alleine können. Trag mich nach draußen auf den Hügel. Ich wünsche die Reparaturarbeiten zu sehen, und auch die Angriffe der Bienen.«

»Majestät . . .«

»Jetzt, sofort, Zdenjek. Mein Volk soll gehen, wohin seine Königin geht. Marsch!«

Die Königin war schwer, sehr schwer. Zdenjek sackte so stark in die Knie, daß er mit dem Bauch fast den Boden berührte.

Erst trug eine Königin mich auf dem Rücken, und nun trage ich eine Königin, dachte er.

Ihre an die Dunkelheit im Hügel gewöhnten Augen brauchten draußen ziemlich lange, um sich gegen das grelle Tageslicht zu verengen, so daß Zdenjek, der unter ihrem Gewicht keuchte und stöhnte, einen Halt suchte. Doch schließlich sah Majestät immer noch nichts. Kein angreifenden Bienen, keine Beschädigungen am Haufen. Liegt das an meinen Augen, dachte sie, oder hängt hier draußen immer so ein Nebel?

»Mein Reich«, sagte sie, »Zdenjek, ist das mein Reich?«

»Ja, Majestät, so weit das Auge reicht.«

»Hm. Ich will's weiter ausgedehnt haben, Zdenjek. Viel weiter als das Auge reicht. Bis tief in den Nebel.«

»Ja, Majestät. So weit . . .«

»Wo sind die Bienen, Zdenjek?«

»Die greifen nicht mehr an, Majestät. Die haben den Krieg aufgegeben.«

»Ach so. Und der Hang?«

»Ist bereits wieder hergestellt, Majestät. Das wollte ich Ihnen gerade schon . . .«

»Soso! Mein Volk arbeitet schneller als ich dachte. Warum ist mir das nicht bereits gemeldet worden, Zdenjek?«

»Majestät, das wollte ich gerade . . .«

»Dann sollten wir weitergehen, Zdenjek, und unser Reich ausdehnen. Von den Bienen erobern. Neue Wege wünsche ich, dorthin und dorthin und dorthin. Trag mich zurück und mache einen Plan.«
Zdenjek gehorchte.

⌘

Ich weiß nicht, was ich will, dachte Kneis. In den Schlamm oder in den Magen. Oder will ich genau dazwischen? Einfach rumschweben im freien Wasser dazwischen? Ich weiß es nicht, ohne Frauen weiß ich nichts. Und mit? Wußte ich damals etwas, wußte ich alles achtmal? Oder lebte ich ohne Wissen? Fragezeichen, Fragezeichen, Fragezeichen. Meine enge Welt ist voller Fragezeichen, und schon bald kommt noch ein Wasserrosenblatt obendrauf. Die Rolle sitzt schon am Stiel, schiebt sich jeden Tag ein Stückchen höher, und wenn sie aus meiner Welt herausragt, dann rollt die Rolle sich flach. Wie ein Dach. Dann habe ich eine Decke aus einem Blatt, statt nichts. Und aus dem Nichts kommt Fischreiher, aber nicht aus dem Blatt. Und nicht dadrunter. Da bin ich dann sicher. Nicht im Schlamm und nicht in seinem Magen. Will ich das? Will ich unter das Blatt? Oder gibt es auch eine ganz große Welt, irgendwo, eine viel tiefere? Eine breitere, längere. Mit achthundert Frauen. Und wenn die verschlungen werden, geht man einfach tiefer, und da sitzen achthundert neue. Die nicht verschluckt werden kön . . . Oder sollten dort in den Tiefen wieder andere Fischreiher sein, Wasserreiher mit Schnappschnäbeln, die von unten nach oben happen und alle achthundert . . . Denn so fressen wir uns eigentlich gegenseitig alle auf. Gleich, wenn die Glibberiche und Krabbelklitze sich zeigen, aus dem Schlamm kommen und am Stengel hochkriechen, dann schnappte er sich auch einige davon. Männlein oder Weiblein – darauf hatte er eigentlich nie geachtet – durcheinander. Happ, happ, happ, und die anderen krochen einfach weiter nach oben, wo sie einem neuen Leben entgegengingen. Kneis nicht. Es gibt kein neues Leben für einen Goldfisch, der nach oben kommt. Keine Teufelsnadelflügel – oder kriegte ein Goldfisch die im Fischreihermagen? Flogen seine acht Frauen womöglich dort umher?

Waren sie fliegend wieder aus dem Fischreihermagen gekommen und flogen nun im Nichts herum, warteten auf Kneis? Riefen Kneis, Kneis, Kneis mit ihren lieben Sabbelschnuten? Feuerrote Nelly auch? Aber die wäre doch bestimmt mal eben ans Ufer gekommen, hätte kurz vom Wasser genippt, Feuerrote Nelly bestimmt, mit ihrem allerliebsten Kußlippen? Das hatte sie doch *bestimmt* getan? Wie Hase? Denn der war doch einmal ans Wasser gekommen? Also ... Ist Nelly bei Hase? Sind alle acht bei Hase? Oder ist alles nur Unsinn? Verschlungen ist tot, und tot ist tot. Alle Krabbler auch tot. Oder die Glibberiche. Doch das stimmte nicht. Kneis hatte es gesehen, ganz bestimmt und ganz bestimmt mit seinen eigenen Augen, wie sie da oben im Nichts Flügel bekamen und fortschwammen, unheimlich schnell nach oben. Aber nicht tot. Das wußte er genau. Magen oder Flügel, es blieb ein Mysterium.

»Bleib davon«, murmelte er vor sich hin. »Warte in deiner eigenen Welt auf die Dinge, die kommen werden. Dafür braucht ein Fisch selbst nichts zu tun.«

⌘

Nichts zu machen, das ging auch Baron Phaff vor der verschlossenen Tür zu Madame Hermines Palast durch den Kopf. Ich bin nur eine alte Kröte, aber ich muß immer noch. Warum nur? So'n Biest, denn das ist sie, ein Biest von einem Weib, und doch sitze ich hier schmachtend vor ihrer Tür. Weil ich zu ihr rein will; und das will ich weiterhin, obwohl ich weiß, daß ich verrückt bin. Geh unter die Blätter, Baron, schön im Dunkeln schlafen, was sitzt du hier im hellen Licht vor der Mauer und verschwendest deine Zeit? Du hast deinen Spaß gehabt, alter Knabe, und sogar im Teich, genau so wie du es wolltest, und damit Schluß. Aus und vorbei. Basta! Vergiß das Biest. Jaja. Ich kann mir genausogut eine Hand abhacken, an Hermine hänge ich so fest wie meine Hand an mir. Schlimmer. Hermine, Hermine, Hermine ...

Hermine, Hermine
hätt ich dich nur ein einzigmal getroffen
so wär ich doch vor Sehnsucht ganz besoffen
Nach dir mein Herz, mein Herzelieb
verzehr ich mich mit ...

Trieb, Hieb, Lieb, Dieb, Sieb ... Hör auf, Baron Phaff, du fängst an zu spinnen. Soll das Weib doch bleiben wo der Pfeffer wächst. Ja, gut, ich vergeß das Weib, aber ich bleibe hier ruhig sitzen, man kann ja nie wissen. Und hier sitze ich ja eigentlich ganz gut, mit meinem langen Geduldsfaden. Mit der ganzen Geduld des Alters. Und der Liebe des Alters.

Geduld und Liebe und Liebe und Geduld / einem einsamen Krötenherz als Huld / geschenkt und die Schritte gelenkt / denn siehe, das Glück wenkt ...

Hör doch auf, alter Trottel. Hermine, Hermine, mein Ohr an deinem Tor / da bin ich hingerissen. Jaja, gerissen.

Ein gerissener Liebhaber, ist es wohl das, was sie von mir

erwartet? Bin ich zu anständig? Ein anständiger, kultivierter, langweiliger, blutleerer, passiver, einfältiger Baron, der nur höfliche Anträge macht und nur ins Wasser will? Erwartet sie einen frechen, heißspornigen Herzensbrecher, einen tollkühnen Draufgänger, der mit hartem Schädel ihre Tür einrennt und quakend *komm her* befiehlt? *Gerade weil* sie so ein Biest ist? Sich jedenfalls wie ein Biest aufführt. Denn das ist nur eine Maske. Die Außenseite, die ihren verletzlichen Kern schützen soll? Oh, liebe Hermine, sehnst du dich danach, bedrängt zu werden, von einem Liebhaber. Fordernd und doch zärtlich? Ach!! Der alte Baron Phaff nahm Anlauf. Und mit seinem alten knochigen Schädel durchbrach er die Tür. Und landete auf dem kühlen Fußboden, dicht vor dem glattgesabbelten Spiegel. Und sah sich selbst.
Madame Hermine war nicht zu Hause. Die hintere Tür ihres Palastes stand offen.

⌘

Madame Hermine war zum Misthaufen jenseits der Mauer. Zu ihrer kranken Schwester. Die bestimmt schon lange wieder gesund war. Madame trug nun ihre vier Ringe an ihren vier Beinen, aber auf halbem Weg blieb sie stehen, um die Ringe von ihren hinteren Beinen zu nehmen und auch auf die vorderen zu schieben, so daß sie dort jeweils zwei übereinander hatte. Das funkelte stärker, wenn sie gleich bei ihrer Schwester eintreten würde.
Der Misthaufen stank schlimmer als beim vorigen Besuch; es wimmelte von Käfern und Würmern, und darüber summten die Fliegen. Genug zu beißen, das sah Madame, aber hier wohnen . . .?
»Cora!« rief sie am Eingang der Höhle. »Cora!«

Alles sah sehr unordentlich aus. Halb eingestürzt, nichts instand gesetzt, unbewohnt eigentlich, verlassen.
Verlassen? dachte Madame Hermine.
Sie kroch hinein. »Cora? Cora, bist du da?«
Doch Cora war nicht da.
Madame Hermine kroch ganz tief hinein, bis in den dunkelsten Winkel, und da lag Cora. Da lag Cora, der Atem ging kurz und stoßweise, sie stöhnte, die weit aufgerissenen Augen sahen nichts mehr.
»Cora!« rief Madame Hermine. »Ich dachte, du wärst weg. Ist es noch nicht besser?«
Hermine bekam keine Antwort.
»Immer noch deine Nase?«
Keine Antwort.
»Ich sagte: Immer noch deine Nase, Cora? Soll ich dir was drauftun?«
Madame Hermines Augen hatten sich jetzt etwas an die Dunkelheit gewöhnt, aber die Schwellung auf der Nase ihrer Schwester sah sie nicht. Überhaupt nicht. Weg. Die ganze Nase . . .
Madame Hermine, wandte sich ab, angeekelt von dem, was sie gesehen hatte. Schaute dann erneut hin. Die ganze Nase war aufgerissen und weggefressen, nur noch zwei große Löcher waren zu erkennen, eigentlich mehr ein großes Loch, in dem es wimmelte wie auf dem Misthaufen. Würmer.
Madame Hermine starrte. Und starrte. Sie konnte nicht einmal »Cora« sagen, oder atmen. Sie begann langsam den Kopf zu schütteln, nein, nein, hartnäckig nein zu dem Loch mit dem Gewimmel darin, als würde es damit nicht wahr sein, oder verschwinden. Aber ihr *Nein* hatte nicht genug Kraft, ihre Schwester Cora behielt das abscheulich angefressene Gesicht, atmete stöhnend, das war

die Wirklichkeit. Das war so wirklich wie der stinkende Misthaufen um sie herum.

»C . . . Cora . . .« stammelte Hermine.

Aber es kam keine Reaktion. Doch, vielleicht eine etwas längere Pause zwischen zwei Atemstößen?

Sie stirbt, drang es nun zu Madame durch. Sie stirbt wirklich. Sehr bald! Madame begann rückwärts zu kriechen, fort von dem Tod, der näherkam. Langsam, vorsichtig, so daß es nicht bemerkt werden konnte, schob sie sich auf ihrem Bauch zurück zum Eingang, der Blick starr auf die Gefahr gerichtet, vor der sie floh.

Doch jetzt bewegte sich Cora. Hermine konnte es deutlich sehen. Sie blieb stehen. Cora bewegte den Kopf, sehr langsam, ein Auge richtete sie auf Hermine, der Blick ging durch sie hindurch.

»C . . . Cora . . .«

Der Kopf drehte sich etwas, das Auge schien nun etwas sehen, erkennen zu können – und dann stockte der Atem. Eine Sekunde, zwei Sekunden, drei, vier, fünf . . . immer noch kein Atemstoß – und ihr Leben war beendet.

Madame Hermine bewegte sich nicht. Genauso starr wie die Tote saß sie da, schon halb auf dem Rückweg. Wie viele Sekunden? Zehn, hundert, oder neunhundert? Angesichts des Todes bleibt das gleich. Sie wußte nicht, nach wie vielen Sekunden sie sich weiterbewegte, rückwärts, nach draußen, wo der Frühjahrsabend blau und dunstig hing, wo die allerletzten Pusteblumen des Löwenzahns auf den Wind warteten, wo das hochaufgeschossene Gras ganz dunkelgrün aussah, und wo die Amsel in ihrer hohen Tanne saß und sang, als gäbe es gar keinen Tod.

⌘

Und an jenem blaudunstigen Frühjahrsabend erschien auf dem Pfad, der zu dem total von Brennesseln überwucherten und verborgenen Loch in der Mauer führte, ein Hase. Mit drei Jungen hinter sich kroch er in den Garten und hoppelte zu der kleinen Wiese, auf der so viel Klee wuchs – wie er sich noch vom vergangenen Jahr erinnern konnte.

...zum Überwintern

Friedrich Kabermann
MOIRA – Die Reise zum Nullpunkt der Welt – Traum, Wirklichkeit, Science Fiction, Märchen, Abenteuergeschichte und Agentenstory sind hier zu einer „phantastischen" Erzählung verwoben.
Die Terranier wollen die Erde einfrieren, die Menschheit kaltstellen, und so die Weltherrschaft erringen. Stefan, den sie entführt und umgepolt haben, kämpft als General Winter auf ihrer Seite im großen Sternenkrieg.
Da greift »MOIRA« ein ...
272 Seiten. 16 ganzseitige Illustrationen. Gebunden. – Für Jugendliche und Erwachsene

Arena

...zum Sammeln

Arena